《论语》中的孔子

杨逢彬 著

泰山出版社 · 济南 ·

图书在版编目（CIP）数据

《论语》中的孔子 / 杨逢彬著. -- 济南 ： 泰山出版社，2025. 5. -- ISBN 978-7-5519-0914-3

Ⅰ. B222.25

中国国家版本馆CIP数据核字第202472QU53号

LUNYU ZHONG DE KONGZI

《论语》中的孔子

策　　划	胡　威
责任编辑	王艳艳　王凌云
装帧设计	路渊源

出版发行　泰山出版社

社　　址　济南市泺源大街 2 号　邮编　250014

电　　话　综 合 部（0531）82023579　82022566

　　　　　出版业务部（0531）82025510　82020455

网　　址　www.tscbs.com

电子信箱　tscbs@sohu.com

印　　刷	山东临沂新华印刷物流集团有限责任公司
成品尺寸	150 mm × 230 mm　16 开
印　　张	17
字　　数	235 千字
版　　次	2025 年 5 月第 1 版
印　　次	2025 年 5 月第 1 次印刷
标准书号	ISBN 978-7-5519-0914-3
定　　价	68.00 元

前 言

四十年前，我和一位山东潍坊人张洪武君同住一室，他毕业于山东大学科学社会主义专业。他告诉我说，马克思理想中的共产主义社会，又叫作"全面发展的自由人联合体"，那时的人们都是"全面发展的自由人"。

孔子当然不可能有这样的思想，但在孔子的时代，与其他各家学说相比，孔子的思想却是距离"全面发展的自由人"最近的。因为，要想成为"全面发展的自由人"，个体的"人"和他的生命必须得到尊重，他必须接受教育，从蒙昧状态走出来。

我们知道，在西周，民本思想兴盛起来。在殷商时代，国计民生的大事要靠龟甲、牛骨等钻孔火烤后爆裂的裂纹走向来决定，民意几乎不起什么作用。而到了周代，这一状况发生了改变。简言之，周代是礼乐时代，是用礼乐文化宣扬、保障和固化民本思想的时代。周人虽然也相信"上帝"（帝、天）的存在，但这个"上帝"必须以"民"的意志为自己的意志。《尚书·泰誓》"天视自我民视，天听自我民听"，此之谓也。换句话说，天意在民，民意即天意。

我在《也谈〈论语〉中的"人"与"民"》一文中论证，"民"是集体名词，指人的群体。周代重视"民"，相对殷商，固然是一大进步，但"保民"如何落实到具体的个人，仍是一个巨大的挑战。否则，谁都可以借着"保民"的由头，行一己之私，乃至于实施"害人"的勾当。孔子的贡献，就是把尊重"民"落实到个体的"人"上面。

是的！对比一下先秦诸子百家中的主要流派，在对人、对个体生命的尊重上，或许只有道家能与儒家相提并论。但道家更注重肉体生命以及精神生命的畅达，而儒家除重视人的肉体生命外，还在意人的全面发展与智性的提升。

如老子说："兵者，不祥之器，非君子之器。不得已而用之，恬淡为上，胜而不美。而美之者，是乐杀人。夫乐杀人者，则不可以得志于天下矣。"（《道德经·三十一章》）这体现了对人生命的尊重。但老子也说只有让民众愚昧，才好治理："古之善为道者，非以明民，将以愚之。民之难治，以其智多。故以智治国，国之贼；不以智治国，国之福。"（《道德经·六十五章》）道家还想让民众返回到更加蒙昧的状态："小国寡民，使有什伯之器而不用，使民重死而不远徙。虽有舟舆，无所乘之；虽有甲兵，无所陈之；使人复结绳而用之。"（《道德经·八十章》）这便与人的发展相悖。

即便"摩顶放踵利天下为之"的墨家，其《号令》一篇，也充斥着"斩"、"皆斩"、"不从令者斩"、"断"（也是"斩"）、"族之"（灭族）、"三族"（灭三族）等字眼。

再来看看《论语》是如何尊重个体生命的：

> 道千乘之国，敬事而信，节用而爱人，使民以
> 时。（《论语·学而》）

> 厩焚。子退朝，曰："伤人乎？"不问马。
> （《论语·乡党》）

> 樊迟问仁。子曰："爱人。"（《论语·颜渊》）

> 修己以安人。（《论语·宪问》）

在孔子那里，被称为"形而上"的"道"发轫于人伦日用之中，植根于人的自然情感之上。《论语》中最为强调的概念是"仁"，"仁"就是人之常情，"礼"以"仁"为根基。梁漱溟说得好："他们径直以人生行为准则，交托给人们的感情要求，真大胆之极！我说它'完全信赖人类自己'，就在此。这在古代，除了中国，除了儒家，没有谁敢公然这样主张。"[①]

什么是"仁"？孔子的回答是"爱人"，也就是爱别人，爱他人。以"爱人"为"仁"的核心内容，意味着人有着走出自我、走向他者的天性，并且这种天性是值得肯定与培养的。如何实践仁德呢？具体的路径有两条：

---

① 梁漱溟：《中国文化要义》，商务印书馆，2021，第116页。

己所不欲，勿施于人。（《论语·颜渊》《论语·卫灵公》）

己欲立而立人，己欲达而达人。（《论语·雍也》）

爱他人，落实到行动上，自然要表现为利他行为。从积极方面看，是"己欲立而立人，己欲达而达人"，由自我发展的动机与动力，延伸到帮助他人成就其自身上。从消极方面考虑，是"己所不欲，勿施于人"，由自我保全的动机与动力，推及不损害他人的自我约束上。这两条，对比于今天的伦理规范，仍然有着极高的参考价值。特别是"己所不欲，勿施于人"，在当今世界范围内已然被视作"道德金律"，是《全球伦理宣言》中的重大原则，用以处理国家、民族、宗教、文化间的关系。

至于令他人挺立、让他人通达，孔子是如何做的？作为教师，孔子做到了"诲人不倦"，通过教育让人获得自我发展、全面发展的机会。作为基层治理者，则是要惠民、教民，使人民具备发展的基础与条件。作为居高位者（孔子曾代理鲁国宰相），则要选贤任能，让贤能者管理公共事务。一来也是间接地惠民、教民；二来能为百姓树立好的榜样，营造良好的社会氛围。以下我们简要看看作为教育家的孔子如何帮助弟子发展其自身：

有教无类。（《论语·卫灵公》）

自行束脩以上，吾未尝无诲焉。（《论语·述而》）

孔子尊重个体的发展权，故而主张教育公平，不以"类"，即身份门第，对求学者区别对待。这是对时代发展的响应，也体现了孔子思想的进步。参考《史记·仲尼弟子列传》可以发现，孔门弟子多有出身贫贱者。甚至，孔子对弟子的地域来源和自身素质，要求也不高。

互乡难与言，童子见，门人惑。子曰："与其进也，不与其退也，唯何甚？人洁己以进，与其洁也，不保其往也。"（《论语·述而》）

互乡这个地方的人可能就总体而言素质不高，孔门弟子对于孔子接见这个地方来求学的少年郎表示不解。孔子却因为认可其求学的态度，而愿意给予机会。"自行束脩以上"，也是从求学者的求学态度上着眼。"束脩"是拜师的薄礼，愿意呈上束脩，一则表现出弟子对于礼仪有一定的体认，二则反映出其求学之诚。

作为教师，孔子除了注重教育公平，还充分尊重学生个体的个性与禀赋，给予学生适合其自身的引导，实施个性化、差异化教学。这是对个体自主发展的尊重，我们今天称之为因材施教。关于因材施教，前人所论甚详，这里就不再展开了。

孔子的教育内容主要是"六经"，《史记·孔子世家》说孔子"以《诗》《书》《礼》《乐》教"。经典教育的其中一方面是知识教育，但先秦时的经典所承载的又远不止是静态的知识，更多的是扮演文化母本的角色，是学习者自我成就的助力与相互沟通的桥梁，也是他们实践的智慧源泉。以《诗经》为例：

> 诵《诗》三百，授之以政，不达；使于四方，不能专对；虽多，亦奚以为？（《论语·子路》）

> 小子何莫学夫诗？诗，可以兴，可以观，可以群，可以怨。迩之事父，远之事君；多识于鸟兽草木之名。（《论语·阳货》）

《诗》中不仅有自然知识，也有与人相处的道理；《诗》更是人们表达情绪、沟通情感的媒介，特别适合青少年学习。对于有志于大业的人而言，学《诗》不是为了寻章摘句，而是为了提炼参与政治事务的智慧，培养参政的能力。孔子的学生子夏与孔子讨论诗篇，发出"礼后乎"的疑问。（《论语·八佾》）孔子称赞子夏发现了礼仪背后的精神内核。这又可见《诗》有提升思维高度、启迪智慧的作用。总而言之，孔门的教育，有着丰富人的生命维度、帮助学习者理解世界、提升综合能力的功能。这种固本培元的教育理念，始于孔子对人全面发展的尊重。

《论语》是两千几百年前的书，不能要求孔子的学说中对人的尊重，一蹴而就达到今天的高度，我们应该从历史的维度进行对比。尽管如此，作为"轴心时代"的代表作品之一，

《论语》依然为今天的人们"提供了精神的动力"①。在今日之世界，是否尊重人的个体，是否尊重生命，是否尊重人的全面发展、自主发展，应该是衡量某一文明是否进步的重要指标。可以说，《论语》为传统中国树立了很高的道德标准。即使在21世纪的今天，它的很多设想，也仍然是我们努力的方向。

儒家思想，经历两千多年的变迁，已经改变了许多。正如《论语》在两千多年的诠释史中，被赋予了许多原本不具有的内涵。孔子的身份，也经历了成圣封王的过程。

我们编写《〈论语〉中的孔子》一书，正是要回归经典，回到那个两千多年前的历史场景中，揭开那些后世覆盖在孔子脸上的神秘面纱，还原孔子的人生历程和思想本真。我们主要选取《论语》作为材料来源，是因为《论语》是孔门弟子及再传弟子对孔子的生活和思想的记录。与其他典籍相比，《论语》距离孔子最近，生动而可靠地反映了儒家诞生之初的精神面貌。我们没有过多选取《礼记》《左传》《孔子家语》等相关文献中有关孔子言论的材料，是因为我们想还原那位引领孔门弟子的伟大人物的完整形象，不掺杂后儒对孔子的改造，再现一个有血有肉的孔子形象。

《论语》的文体，以语录和对话为主，辅以少量孔子和主要弟子的行述。这种文体，特别是对话体，能给我们呈现出一定的场景，更能反映孔子的言传身教和孔门的学风。试看这章：

① 〔德〕雅斯贝斯著；魏楚雄，俞新天译：《历史的起源与目标》，华夏出版社，1989，第14页。

子路、曾皙、冉有、公西华侍坐。

子曰:"以吾一日长乎尔,毋吾以也。居则曰:'不吾知也!'如或知尔,则何以哉?"

子路率尔而对曰:"千乘之国,摄乎大国之间,加之以师旅,因之以饥馑;由也为之,比及三年,可使有勇,且知方也。"

夫子哂之。

"求!尔何如?"

对曰:"方六七十,如五六十,求也为之,比及三年,可使足民。如其礼乐,以俟君子。"

"赤!尔何如?"

对曰:"非曰能之,愿学焉。宗庙之事,如会同,端章甫,愿为小相焉。"

"点!尔何如?"

鼓瑟希,铿尔,舍瑟而作,对曰:"异乎三子者之撰。"

子曰:"何伤乎?亦各言其志也。"

曰:"莫春者,春服既成,冠者五六人,童子六七人,浴乎沂,风乎舞雩,咏而归。"

夫子喟然叹曰:"吾与点也!"

三子者出,曾皙后。曾皙曰:"夫三子者之言何如?"

子曰:"亦各言其志也已矣。"

曰:"夫子何哂由也?"

曰："为国以礼，其言不让，是故哂之。"

"唯求则非邦也与？"

"安见方六七十如五六十而非邦也者？"

"唯赤则非邦也与？"

"宗庙会同，非诸侯而何？赤也为之小，孰能为

之大？"（《论语·先进》）

"以吾一日长乎尔，毋吾以也"，是孔子的自谦之语，不以德才自居，只说自己是因为年长才被奉为夫子，从而鼓励弟子畅谈人生理想。再看弟子发言，子路的"率尔"与曾晳的"鼓瑟希，铿尔，舍瑟而作"，都能反映各自的性格特征。子路坦荡直率，快言快语。曾晳则更有意思，面对老师的提问和众同门的静候，仍然弹完乐章，然后才作答，显示出一种闲适自得的姿态。各弟子久处师门，仍能保持自身个性，且能在师友面前自然流露，这显示出孔门轻松活泼的风气，也表明孔子能够充分尊重弟子的个性与人生选择。

再看孔子对弟子所答的反应。夫子对子路的冒失笑而不语，体现出为师者的宽容与循循善诱。孔子对子路、冉求、公西华的人生理想未当面点评，却在稍后与曾晳的单独交谈中，表达了对三人的认可。四位弟子中，孔子对曾晳勾勒出的潇洒闲适的生活状态最为认可，当面表示认同。这点启人疑窦，历来的注家学者多有讨论。问题是，为什么另外三位弟子说的都是正经事，曾晳说的是玩乐的事，孔子却当面肯定曾晳呢？我们的浅见，在本书正文部分再献曝。

在这一章中，孔子以其身教言传，向我们展示了一位伟大的教育家是如何与弟子和谐相处又砥砺共进的。孔子与弟子的个性与志趣也都跃然纸上，引人遐思。

不仅这一章，整本《论语》都在生动展现着孔子的为人品格修养、为学方法态度、为政取向追求，让我们得以从孔子的言行举止、待人处事上，身临其境地感受其学问与人生、知识与实践的统一。《论语》中的孔子是一位娓娓道来、循循善诱的长者，望之俨然，即之也温。其中，既没有对孔子的神化，也没有对孔子思想抽象化、教条化，而是在具体的情境中展现孔子的态度和做法。

"'高山仰止，景行行止。'虽不能至，然心向往之"，是司马迁在《史记》中对孔子一生的高度评价。孔子的思想，乃至于儒家思想的立足点，始终在人伦日用之间，其关注点是人在社会生活中的行为举止、自然情感。孔子本人重感情、懂变通，有坚韧的毅力，有强烈的救世使命感。孔子的人生和他的思想一样，展现了既和谐又进取的生命态度，既有理智，又不忽视情感；既有律则，又不致使这些律则僵化。孔子的教化兼备了人性的温暖和雍容博雅的风度。这是一种"极高明而道中庸"（《礼记·中庸》）的人生境界。这些都成了儒家思想乃至中国文化的基本要素。

所以，我们还原《论语》中的孔子形象，并不是为了写一本名人传记，这背后的精神追求是通过勾勒孔子的形象，还原作为中国文化重要根基的孔子思想本初的精神。

本书采用文化随笔的写作模式，有叙述也有议论，夹叙夹议，力图呈现立体的孔子形象，使本书既有趣味性，又有文化内涵。

文化随笔，掌握得不好就容易"散"，我们试图用孔子的一生把它串起来。故而本书以时间为线索，分设若干个小专题，透过孔子的遭遇，和读者们一起探索人生漫漫长路上的种种问题以及儒家的解决之道。

要达此目的，我们就必须了解孔子的人生历程。为此，我们参考了许多著作，最为重要的是《史记》的《孔子世家》与《仲尼弟子列传》。读者们若有兴趣，也可找来这两篇一观。但这两篇并没有提供一个十分明确的时间轴，因此，我们又重点研读了钱穆《先秦诸子系年》和李长之《孔子的故事》。除此之外，我们还参考了一些其他书籍，在此不再一一列示。

这篇前言，经过杨柳岸较大幅度地润色和增补，特此说明。

杨逢彬

2024年11月

一 孔子的家世、童年和成长背景

1. 家 世

咱们既然讲孔子的事儿，总该知道孔子姓什么吧？孔子不是姓"孔"吗？咱们现在这么说，也差不多，可是在孔子那个时代，可不能这样说。因为那时每个人不但有"姓"，还有"氏"。首先，姓大氏小，一个姓下边有好多个氏呢！其次，姓比氏古老，先有姓，后来一个姓的人多了，就分出许多氏来。再次，到了汉朝，姓和氏就混同了。例如《史记》说："高祖……姓刘氏，字季。"刘，本来是"姬"姓下的一个"氏"，司马迁说刘邦"姓刘氏"，可不是姓和氏不分了吗？孔子的祖上是殷商王的一脉，殷商王姓"子"，孔子当然就姓"子"了。孔子的"孔"就是"氏"。到了汉代，"姓"和"氏"合到一块儿不分家了，所以，今天咱们说孔子姓"孔"，倒也不算错。

《论语》记载，微子离开了纣王，箕子做了纣王的奴隶，比干强谏而被纣王杀害。孔子说："殷商有三位仁人。"
（《论语·微子》）这是怎么一回事儿呢？

纣王暴虐，他的哥哥微子启多次劝告他，纣王不听，微子启便离开他隐居起来。纣王的叔叔箕子也多次劝告他，他不听，箕子只好装疯，成了奴隶。另一个叔叔比干因多次强谏被纣王剖心而死。那一时代，正如孔子所说："贤者逃避浑浊的世界，隐居山林；次之的则离开那乌烟瘴气的地方；再次之的躲避人家的脸色；再次之的回避恶言。"（《论语·宪问》）可是，"志士仁人，没有因贪生怕死而损害仁德的，只有牺牲自己来成全仁德的"（《论语·卫灵公》）。微子隐居山林，箕子离开了乌烟瘴气的地方，比干杀身成仁，所以孔子说他们是殷商的仁人。

周武王灭商后，先是分了一块地给纣王的儿子武庚，以便安置殷商移民。武王去世后，成王继位。成王年幼，所以由武王的弟弟周公姬旦摄政。不久，武王生前派来监视武庚的管叔、蔡叔（这哥俩也是武王的弟弟）怀疑周公篡权，便伙同武庚造反。周公于是东征，武庚被杀。

周公将宋地分封给有着巨大威望的殷商忠良之臣微子启。微子启，是孔子的十四世祖。以往的时候，殷商王继位可不是像周天子和后来的那些天子以及诸侯那样，父亲死了儿子继承王位，而是哥哥死了弟弟继承。这就叫"兄终弟及"。弟弟死的时候，有时传位给哥哥的儿子，有时传位给自己的儿子。

所以呢，微子启死的时候，就把国君的位置传给了弟弟微仲衍。孔子就是微仲衍的后代。

孔子的十一世祖是宋愍公，宋愍公有弗父何和鲋祀两个儿子。

按照"兄终弟及"的传统，愍公将君位传给了弟弟炀公，鲋祀可不高兴了，因为那时的其他国家大多是"父死子继"了。鲋祀便将炀公杀了，推哥哥弗父何继位。弗父何，是孔子的十世祖。

但是，弗父何拒绝了，他让鲋祀即位，自己做卿辅佐他。他这样做，一是因为这个君位是通过杀亲叔叔得来的，他认为得之不正；二是如果他即位，如何处理杀叔叔的弟弟呢？

弗父何的拒绝继位，对孔子肯定有较大影响。《论语》中孔子两次说到"见得思义"（《论语·季氏》《论语·子张》），弗父何正是见得思义的表率。

几百年后，弗父何的后代中有位叫正考父的，先后辅佐宋国的戴公、武公、宣公。他最著名的故事叫"三命而俯"和"饘粥糊口"，就是说官职越大，越要谦恭谨慎。这事儿咱们以后再说。

孔子的伟大贡献之一，就是整理《诗经》。《诗经》分为《国风》《小雅》《大雅》和《颂》，而《颂》又分为《周颂》《鲁颂》《商颂》三部分。其中的《商颂》据说就是这位正考父创作的。这样看来，在《诗经》的创作和整理上，孔门可真是"吾道一以贯之"（《论语·里仁》）了。

正考父的儿子叫子嘉，字孔父，按当时的习惯，就叫"孔父嘉"。他在宋国当上了司马，掌握了大权，深得当时宋国国君宋穆公的信任。宋穆公死的时候，把哥哥宋宣公的儿子，同时也是太子的与夷托付给孔父嘉，让他好好辅佐与夷。之后与夷便即位了。当时宋国有一位实权人物叫作华父督。有一天，他在路上见到了孔父嘉的夫人。这一见不打紧，华父督口水都要流出来了，大声赞叹："真是既漂亮又艳丽啊！"第二年，华父督攻打孔父嘉，杀了他，抢了他的夫人。这下与夷可生气了，华父督一不做二不休，干脆把与夷也杀了。

孔父嘉的后人，便以"孔"为氏。

孔父嘉的曾孙有个叫作孔叔防的，害怕遭到华氏的迫害，搬到鲁国去了。他后来当上了鲁国的防大夫，也就是防地的行政长官。经过这么一番颠沛流离，这贵族世家算是渐渐没落了。就是说，孔子祖上由贵族上层的公卿世家转变为一般贵族，也就是"士"这一阶层了。

孔子直到死前七八天的时候，还对学生子贡说："我原本是个殷商人哪！"

2. 父母和童年

孔叔防的孙子，叫叔梁纥（"叔梁"是字，"纥"是名，和"孔父嘉"一样），就是孔子的父亲。

叔梁纥，是鲁国陬邑（在今山东曲阜东南）的行政长官，这在鲁国，不算很大的官儿。叔梁纥高大魁梧，很有力气。他

麒麟玉书

五十多岁的时候，几个诸侯国去攻打一个叫偪阳（在今山东枣庄）的小国，叔梁纥就在鲁国的军队中。当他们攻入偪阳城的时候，守城的人把很重的闸门放了下来，先入城的队伍眼看就要被隔断在城里了，这时叔梁纥却用双手把闸门托举起来，大声叫先入城的军队赶快撤退，许多将士才能安全退出。这件事发生在公元前563年，离孔子出生还有十一年（见《左传·襄公十年》）。又有一次，叔梁纥和其他两个鲁国将领，率领三百武士，打退了齐国的进攻。这件事发生在公元前556年，离孔子出生只有四年（见《左传·襄公十七年》）。

孔子的母亲姓颜，叫徵在，她家是曲阜城的望族。她和叔梁纥结婚的时候，还不到二十岁，可是叔梁纥已经六十几岁了（见《史记·孔子世家》）。在当时的社会，他们婚礼的礼仪不算完备，因此遭到了许多人的奚落。

这种没有完备礼仪的婚姻，当时的说法叫"野合"。可是后来许多人就想当然地认为那是在野地里苟合，甚至以讹传讹地说孔子是个私生子。孔子时代有一部史书叫《左传》，里面记载"嘉乐不野合"，据沈玉成先生翻译，就是"钟、磬（两种乐器）不在野外合奏"。这至少能说明，那时语言中的"野合"不是后来有些人想的那样——词语从古至今是不断变化的，用现在的意思去理解古代词语，就会导致曲解。

叔梁纥和颜徵在很希望有个儿子，他们曾在曲阜东南的尼丘山上祷告过。后来他们生了一个男孩，取名叫"丘"，字"仲尼"——就是孔子。"仲"是老二的意思，这说明叔梁纥在和颜徵在结婚以前有过妻子，而且有过一个儿子了。孔子的哥哥叫孟皮，是叔梁纥和他的妾所生的，腿脚有残疾。叔梁纥和妻子生了好几个女儿，好不容易有了个儿子又有残疾，这也是他为什么都六十多岁了还得再娶的缘由。

在《论语·公冶长》里记载着，孔子很欣赏他的学生南容，说："南容这孩子稳重啊！国家政治清明，他总有官做，不被废弃；国家政治黑暗，他也不会遭刑罚。"这时孟皮已经不在了，孔子便做主把侄女嫁给了南容。

鲁襄公二十一年，即周灵王二十年，这年的夏历（就是现在的农历）十月的庚子日，也就是公元前552年10月9日，孔子诞生了。（也有说孔子是公元前551年9月28日诞生的，本书依据《春秋公羊传》《春秋穀梁传》，采用前一种说法。）从孔子诞生到现在，都快2600年了。

孔子三岁的时候（见《孔子家语·本姓解》，为了和古籍记载保持一致，孔子年龄按虚岁算），死了父亲。他母亲因为种种原因，连叔梁纥葬在哪里都没有告诉过孔子。那时，他家已经从陬邑，也就是叔梁纥的任上，移居到鲁国的国都曲阜。那儿是颜氏的故里，她大概是想得到些照应吧。

毕竟，孤儿寡母的日子总是不好过的。尤其是这种老少配的婚姻，丈夫在时虽被人奚落，总还有丈夫担着；丈夫一死，这些就都落在这对母子身上了。颜氏这种大家族的年轻女子，通常从小不是特别能干，难以应付一大家子里里外外的麻烦事儿，这也是她为什么要搬回曲阜的原因之一。因此，孔丘从小时候起，就得学习看人的脸色，应付许多事儿。他尝遍人情冷暖、世态炎凉，过早养成了谨慎小心的性格，善于应付各色人

俎豆礼容

等。事情一件接着一件，此起彼伏，对一个孩子来说，不是都能应付自如的，这就需要动脑筋。这使孔子养成了遇事思索的习惯。孔子很小的时候，对许多事情就一肩扛了。他经过不断磨砺，办事果断而干练。

孔子小时候玩什么游戏呢？他经常摆上些小碗小碟，模仿别人的祭祀仪式，行礼如仪。

3. 出生前后发生的事儿

《蜜蜂计》，说的是晋国的骊姬向晋献公进谗言陷害太子申生的故事。骊姬进谗言陷害太子之后，有人对太子说："您如果辩解，国君是必定能弄清楚事情的真相的。"太子说："国君没有骊姬，会居不安，食不饱。我如果辩解，骊姬必定有罪。国君年纪大了，因为骊姬有罪而不高兴，我也不可能高兴的。"那人说："那么您要逃走吗？"太子说："国君还没有查清我的罪过，带着这个名声出去，别人谁会接纳我？"不久，太子在新城（即曲沃，在今山西曲沃县）吊死。（此事见《左传·僖公四年》，用的是沈玉成先生的译文，下文也是。）

更早一些时候，卫宣公为太子急子在齐国找了个媳妇，后来发现这个女子很美，宣公就自己娶了，于是人们就叫她"宣姜"。宣姜生了寿子和朔子。宣姜和朔子一起诬陷急子，宣公就派急子出使齐国，并派人埋伏在莘地（在今山东莘县），打算杀了他。寿子把这件事告诉了急子，要他逃走。急子说："抛弃父亲的命令，还要儿子做什么呢？"临走时，寿子把急子灌醉，自己坐上插着太子旗帜的车子走在前面，埋伏者就杀了寿子。急子赶到，说："你们要杀的人是我。他有什么罪？请你杀我吧！"于是急子也死了。

孔子刚过"三十而立"时，楚国奸臣费无极向楚平王进谗言，说太子建和他的师父伍奢要反叛，平王就囚禁了伍奢。费无极又进谗言陷害伍奢的俩儿子，平王便以伍奢的性命要挟他们回国。哥哥伍尚对弟弟伍员（即伍子胥）说："你去吴国吧，我打算回去赴死。我的才智不如你，我能够赴死，你能够报仇。听到可以赦免父亲的命令，不能不赶快回去；亲人被杀戮，不能不报仇。赶快回去使父亲赦免，这是孝；估计功效而后行动，这是仁；选择合适的任务而前去执行，这是智；明知要死却不躲避，这是勇……"后来的事情已为人熟知。

上面这三例都是以"争死"来遵守承诺的典型。第一例说明的是申生的"孝"；第二例刻画了寿子和急子的"仁"；第三例中的伍尚，更是用"仁""孝""智""勇"来为两兄弟将要采取的行动找出理由。正如孔子所说的："志士仁人，无求生以害仁，有杀身以成仁！"（《论语·卫灵公》）下面的例子讲的则是"让国"的高尚情操。

宋国国君生病，太子兹父再三请求说："目夷年长而且仁爱，君上应该立他为国君。"宋君就命令立目夷为国君。目夷推辞说："能够把国家辞让给别人，还有比这更大的仁爱吗？

下臣不如他，而且这样做也不合于立君的礼制和习惯。"说完他就快步退了出去。

孔子出生七年前的鲁襄公十四年（公元前559年），吴国国君诸樊打算立季札为储君。季札辞谢说："据有国家，不是我的节操。我季札虽然没有才能，但愿意像曹国的子臧那样保持节操。"诸樊坚决要立他为储君，季札丢掉了他的家产而去耕田，诸樊才没有再勉强他。介子推坚决不受封赏的事迹，也和这差不多。

上面这些，都是孔子倾慕的文王、武王、周公开创的西周社会所遗留的文化道德遗产。这些文化道德遗产，在周公的封地鲁国的士大夫中，是带有普遍性的。

孔子十二岁那年，即鲁昭公元年（公元前541年），三月，诸侯正在盟会，鲁国国君却趁机攻打莒国。莒国使者向盟会诸国报告，当时的超级大国楚国对另一超级大国晋国说："重温过去和平岁月的盟会尚未结束，鲁国就攻打莒国，这是在亵渎盟约，请求诛戮他的使者。"这时，辅佐晋国正使赵文子的乐桓子向鲁国使者叔孙豹索贿，说是可以让赵文子帮他求情，饶他一命。乐桓子想要叔孙豹的玉带，叔孙豹不给。叔孙豹的近臣梁其胫说："破财免灾，您为什么舍不得呢？"叔孙豹说："诸侯会盟，是为了保卫国家。我用财货来免自己的祸患，鲁国就必然要受到进攻了，这是为它带来祸患啊！还有什么可保卫的？"赵文子听说了此事，赞叹道："面临祸患而不忘记国家，这是忠心；遇到危难而不放弃职守，这是诚意；为国家打算而不惜一死，这是坚定；出谋划策都基于以上三点，这是道义。叔孙豹有了这四点，难道可以诛戮他吗？"赵文子于是向楚国求情，楚国答应赦免叔孙豹。

在春秋诸国中，这类事例真是不胜枚举，例如"叔向贺贫""子产不毁乡校"等。

叔向是晋国的贤大夫。有一天，叔向去拜见韩宣子，韩宣子正为贫困而发愁，叔向却向他表示祝贺，韩宣子不解。叔向回答说："从前栾武子连百顷田都没有，穷得连祭器都没法备齐，但他能展现他的德行，遵循他的原则，从而嘉名传颂于各国，诸侯都亲近他，连夷狄都怀念他……现在您拥有了栾武子的清贫，我认为您也能拥有他的德行，因此特来祝贺您。如果不忧虑德行的建立，而只为财产不足发愁，我向您表示怜悯都来不及，哪还有什么祝贺呢？"韩宣子听后俯伏在地许久，说："在我行将逃亡之际，全靠您保全了我。您的恩德，我不敢独享，我的祖先和子孙都要铭记您的大恩大德！"

子产是与叔向同时期的郑国政治家。与晋国不同，郑国是小国。子产说："小国没有文治而有武功，没有比这再大的祸患了。"郑国地处要冲，子产对外不卑不亢，与晋、楚两强周旋；对内整顿田制、军赋，并铸刑书以"救世"。老百姓都歌颂他。这个，我们后面还会说。孔子十一岁那年，郑国人在乡校里游玩聚会，议论执政得失。然明对子产说："毁了乡校，怎么样？"子产说："为什么？人们早晚干完活到那里闲游聚会，来议论执政得失。他们认为好的，我就推行它；他们所讨厌的，我就改掉它。他们是我的老师啊！为什么要毁掉这一场所呢？我听说过用忠心行善来减少怨恨的，没听说过用权威来防止怨恨的。权威难道不能很快制止议论吗？但是这就像防川一样，如果出现大的决口，必然伤亡很多，我无法挽救；不如把水一点一点放掉，加以疏导，听到百姓的议论后把它们作为苦口良药。"然明听了佩服得五体投地。

孔子赞扬叔向："叔向，他的正直作风正是古代的遗风啊！"子产死的时候，孔子哭着说："他的仁德，正是古人遗留给我们后人的爱护啊！"童叔业先生说："春秋时代很多有学问的人，如鲁国的叔孙豹、齐国的晏婴、晋国的叔向、楚国的左史倚相、吴国的公子季札等，都可以算是当时的大学者……等到孔子出世，集古代思想学术的大成，开始建立哲学的系统，真正的士夫阶层就由他一手造成。"[1]

4. 邹鲁之风

在孔子九岁的时候，上面说到的吴国那位不肯接受王位的贤公子季札出使各国，来到了鲁国。

很幸运，他在鲁国有机会听到了鲁国特别保存着的、完备的周朝乐歌。那些乐歌至今依然大部分被保留在《诗经》里，连先后次序也差不多。这从一个侧面反映了鲁国的文化遗产是

---

[1] 童书业：《春秋史》，商务印书馆，2010，第27页。

很完备的。这也是孔子的幸运！

季札艺术修养极高，而且博学多闻，因此他对于听到的乐歌能作出中肯而深刻的评价。他首先听到《周南》《召南》这两部分乐歌，由衷地叹服："美好啊，看得出在周代已经奠定基础了！虽然还没完成，但是百姓们勤苦劳作却不怨恨了。"接着又听了邶国、鄘国、卫国的民歌，他说："既美好，又深厚啊！忧愁而不窘迫，我听说卫国康叔、武公的德行就是这样的。这怕是《卫风》吧！"待听到郑国的民歌，他的评价就不大一样了："虽然好听，但琐碎而细弱，老百姓是忍受不了的，这个国家怕是会有危险了！"紧接着，又听到齐国的民歌，不由赞叹道："美好啊！深沉宏大啊！真是泱泱大国的气派！作为东方国家表率的，该是姜太公开创的国家吧？它的前途真是不可限量啊！"再接着，又听了周王朝故地豳一带的民歌，他说："美好而沉稳，愉快而不放荡。这该是周公东征的音乐吧！"当听到陈国的歌曲时，他皱着眉头说："国家没有主人，这能够长久吗？"至于郐地之后的民歌，他不愿再多说什么了。这表明他对这些民歌是不满意的，可是限于外交使臣的身份，不便对这些歌曲作过多的评价。

不管是时人还是后来的读者，未必不明白季札的态度。这不，成语"自郐而下""自郐以下"就表示从某人某事以后的不值得一说，因为水平越来越低，都懒得说他（它）了。

季札接着又听了宫廷宴会或上朝时的乐歌《小雅》和《大雅》，他评价《小雅》道："美好啊！忧伤却不三心二意，怨恨却不流露于言语，怕是周朝德行衰微时的乐曲吧，毕竟是先王的遗民啊！"他评论《大雅》说："宽广啊，和美啊！曲折回环而又刚健劲直，这怕是文王的德行吧！"

最后，鲁国乐师为季札演奏了宗庙祭祀的舞曲，他激动地说："到达极致了！正直却不倨傲，曲折却不屈从，亲近却不逼迫，疏远却不离心，活泼却不过分，反复却不厌倦，哀伤却不忧愁，欢乐却不荒废……五声和谐，八音畅达，节拍遵循法度，演奏井然有序，这才是具有大德行的人所共同拥有的啊！"

除了周朝音乐以外，季札在鲁国还欣赏了据说比周朝更早的音乐歌舞。他见到载歌载舞的《大武》，赞叹道："美啊！周朝兴盛的时候，大概就像这种情况吧！"当他看到相传为大舜时代的舞曲《韶箾》时，他激动得无以复加，由衷地赞叹道："德行到达化境了，伟大啊！就像苍天覆盖一切，就像大地承载一切。虽然有盛德者无数，但此曲已达极致。我就欣赏到这里好了，即便还有其他歌曲舞蹈，我也不敢再请求欣赏了！"

这些，在《左传·襄公十九年》中都原原本本地记载着呢。

季札不但是系统评价《诗经》的第一人，甚至可以说是我国历史上第一个文艺批评家。

有很多证据表明，孔子是很倾慕季札的，肯定受到季札的强烈影响。在《论语》的一万多字中，有三次记载了孔子对《韶》这一舞曲的热爱，同时也提到了《大武》。

《论语》第三篇《八佾》中，孔子评价《韶》说"美极了，而且好极了"；评价《大武》说"美极了，却还不够好"。

第七篇《述而》中，孔子曾由衷赞叹《韶》的魅力。这个，以后还会说。

第十五篇《卫灵公》里，孔子更是把《韶》和《武》提高到治国理政的高度。颜渊问怎样治理国家，孔子说："用夏朝的历法，坐殷朝的车子，戴周朝的礼帽，欣赏《韶》和《大武》。放弃郑国的乐曲，远离小人。郑国的乐曲放纵，小人危险。"

最后一则，孔子提到欣赏音乐要选择《韶》和《大武》，这和季札是一致的。季札对《大武》的评价虽然只是"美啊！周朝兴盛的时候，大概就像这种情况吧"这么简单两三句话，但谁不知道孔子是最向往周文王、武王和周公的呢？同时，孔子又提出要放弃郑国的乐曲，这和季札对郑国民歌评价不高是一脉相承的。

另外，孔子评论《关雎》，也借用了季札对豳地一带民歌的评价"愉快而不放荡"。（《论语·八佾》）

晚年，孔子结束了十几年的颠沛流离回到鲁国，在所剩不多的岁月里，整理了《诗经》的乐歌，这与鲁国特别保存了这些文化遗产无疑是密切相关的。这些文化遗产的熏陶，无疑塑造了孔子，同时，孔子也回馈了这些文化遗产。这些文化遗产对孔子的熏陶，我们从季札观乐的故事中可以看出端倪。

鲁国虽然不是大国，但文化遗产的丰富是当时人们有目共睹的。当时人们要学习礼仪和音乐，都唯鲁国马首是瞻。季札到鲁国观乐四年之后，晋国使臣韩宣子也因为见到鲁国所保存的《易》《象》和《鲁春秋》而得到极大启发，不由赞叹："《周礼》都在鲁国了，我现在才知道周公的德行和周朝之所以能成就王业的缘故了！"

孔子就在鲁国浓厚的文化氛围中逐渐成长起来了。

二 从成年到三十而立

1. 愈挫愈勇

从小失去父亲庇护的孔子，在磨砺中慢慢长大了。

他继承了父亲高大健壮的体格，多少年的艰难困苦、多少年的颠沛流离，都没有将孔子的身体压垮。他精力充沛地与命运抗争，最后得享天年，好身体好体格不能不说是他得天独厚的优势。

孔子有个外号，叫"长人"。他的身高，用当时通用的周尺来量，有9尺6寸。周尺每尺约19.9厘米，那么孔子身高约1.91米，即使在今天，他也是实实在在的大个子了。

孔子是有志气的，十五岁时他已经立下了要好好学习各种知识和本领的志愿。

孔子在少年时期开始学琴。他有很高的音乐天赋，领悟力极强。《史记》《孔子家语》《淮南子》等好几部书都记载了他向师襄子学习琴艺的故事。

孔子向师襄子学习弹琴，十天都不学习新的曲子，只是反复练习早已娴熟的旧曲子。师襄子对他说："可以学习新内容了。"孔子说："我已经能熟练弹奏这首曲子了，但还没有学会技法。"过了一段时间，师襄子说："你已经学会弹奏的技法了，可以学习新内容了。"孔子说："我还没有领会这首曲子蕴含的意境呢。"过了一段时间，师襄子说："你已经领会了这首曲子蕴含的意境，可以学习新内容了。"孔子说："我还没有通过曲子了解作者的为人处世呢。"又过了一段时间，孔子在弹琴时始而神情庄严肃穆；接着欣喜地抬头仰望无垠的蓝天，双眼流露出远大抱负；后来他收回目光，欣喜地说："我知道他的为人处世了。那人皮肤黝黑，形体伟岸，目光深沉远大，像是个包容天下、怀德四方的王者。若不是周文王，还有谁能写得出这样的乐曲呢？"师襄子听了，连忙起身拜了两拜，回答说："我的老师传授这首曲子的时候就告诉过我，这首曲子叫作《文王操》！"

这个故事，反映了孔子学习时的专注，同时也反映了孔子对音乐的热爱。多年以后，孔子到齐国去，和齐国首席乐师探讨音乐时，首次听到《韶》乐，认真地学习了三个月，以至于炖肉的香味都引不起他的兴趣了。（《论语·述而》）

孔子自述他的成长经历后总结说："志在于'道'，坚守于'德'，依赖于'仁'，而悠游于'六艺'之中。"（《论语·述而》）

这"六艺"，就是礼、乐、射、御、书、数，其中"乐"，只排在"礼"之后。我们知道,《论语》这书的核心思想是"仁"和"礼"。可知那时"乐"的修养,对于一个君子来说,是多么重要。因此,孔子热爱音乐、精通音乐以至于迷恋音乐,就一点都不奇怪了。而音乐对处于成长阶段的孔子的熏陶,对于他最后成为一位人人景仰的人物,无疑是占有很大分量的。

孔子十七八岁的时候,母亲颜氏死了。咱们中国有个习俗,母亲死了,是要和父亲合葬的,这一风俗早在孔子那时就有了。可是问题来了,孔子不知道他父亲葬在哪儿。难道他长这么大,就从来没去扫过墓吗?原来,按照那时的习俗,人们只是在家里摆放的灵位前祭祀,是不到坟上祭祀的。孔子于是把母亲的棺木暂且停放在一个叫"五父之衢"的地方。

一位老妇人帮他解决了这个问题。她是当地一位名叫袂父的人的母亲。听说了这事儿后,她特意过来对孔子说:"我知道你父亲安葬的地方,就在防山。"这防山,就在今天的山东曲阜市区的东边。孔子知道了父亲的坟地之后,便把母亲下葬了。

这时,孔子只有十七八岁,还远没有成长起来,因此他为人处世的经验是不多的。一次,鲁国最大的贵族季孙氏宴请士人,孔子想着自己也算是士人家庭的一员,父亲不在了,他该去呀。那时孔子还在守孝期间,是不能脱掉丧服的,于是他就穿着丧服去了。季孙氏的管家阳货(又叫"阳虎")出来驱赶他,说道:"我们宴请的是士人,这可不包括你。快走吧!"孔子于是伤心地走了。

这阳货可不是个好玩意儿，偏偏孔子这一辈子总是绕不过这个家伙。

挫折可以令人一蹶不振，也可以使人振奋崛起，就看谁遇见它。孔子无疑是后者。

孔子在十九岁结了婚，夫人是亓官氏。她家也是从宋国迁到鲁国的，可见她与孔子结婚，恐怕不是偶然的。二十出头的时候，孔子得了一个儿子。当时鲁国的国君昭公向他道喜，特地送了一条大鲤鱼来。这对于一个普通士人来说，不能不说是莫大的荣耀。为了纪念这事儿，孔子给儿子取名叫"鲤"，字"伯鱼"。"伯"是排行老大的标志，孔子可能没想到他一生就这么一个儿子。又过了一两年，孔子的道德学问及各种技艺，日新月异地增长着，使得他成了远近闻名的青年。后来，他曾经说："后生可畏啊！怎见得后来的人比不上正当红的人呢？一个人到了四五十岁还默默无闻，也就不值得敬畏了。"（《论语·子罕》）

年复一年地刻苦学习，使得孔子成了一位远近闻名的博学多能之人。可是越多才多艺，孔子越谦虚。孔子家附近有个住宅区叫达巷，那里的一位居民就说："孔子真伟大！学问广博，可惜只能干些杂活儿，有劲儿没处使，没地儿来施展他的才能抱负啊！"孔子听说后，便说："我会什么呢？我只会驾车罢了。"原来在当时，一个全能的人必须具备六项本领：礼仪、音乐、射箭、驾车、认字、计算（即礼、乐、射、御、书、数）。其中最让人看不起的，就是驾车，所以孔子只承认会赶大车而已。（《论语·子罕》）

命名荣贶

吴国的太宰伯嚭问子贡说："孔老先生是位圣人吗？为什么那样多才多艺呢？"子贡说："那本是上天想让他成为圣人，又让他多才多艺。"孔子听到后说："太宰了解我吗？我年轻时地位低下，所以掌握了不少难登大雅之堂的本领。大雅君子们会有这样多的本领吗？是不会的。"（《论语·子罕》）

孔子说的是他在二十多岁的时候，做过几次小官吏的事情。他做的都不是独当一面、属员众多的行政官员，而是管理具体事务的小吏。有一回是当"委吏"，这是一种管账的工作。孔子说："叫我当会计，我要让账面上清清楚楚的。"他说到就做到了。另一回是当"乘田"，这是管牛羊的官。孔子说："让我管放牧牛羊，我就要让牛羊都茁壮成长起来，个个膘肥体壮。"（《孟子·万章下》）他同样也说到做到了。年轻时候的孔子就是这样脚踏实地、认真负责的。

孔子快三十岁的时候，旺盛的求知欲和精力，使得他已经不满足于礼、乐、射、御、书、数这些贵族子弟必须掌握的本领了。他早就涉猎《诗经》《尚书》《周易》等传统典籍。他不光是读书，也实地考察。孔子进入太庙，对于每件事情都发问。有人说："谁说鄹大夫（孔子的父亲叔梁纥曾做过鄹大夫）的儿子懂礼呢？他进了太庙，每件事儿都要问。"孔子听说了，便说："不懂就问，这正符合礼呀！"（《论语·八佾》）

在孔子三十一岁这年——鲁昭公二十年（公元前522年），郑国的子产逝世了。子产是公孙侨的字，他是郑国的贤相，在郑简公、郑定公之时执政二十多年。那个时候，晋国、楚国正处于两国争霸、战乱不息的当口。郑国夹在这两大强国之间，子产却能既不低声下气，也不妄自尊大，使郑国维持稳定，并得到人们的尊敬，的确是中国历史上一位杰出的政治家和外交家。

同时，子产知识渊博。他不但熟悉当时的诗歌，把这一长处用于治理国家特别是外交方面，更为重要的是，子产善于发现人才、网罗人才，让各类人才的长处发挥得淋漓尽致。孔子说："子产主持起草外交文件，裨谌打草稿，世叔提修改意见，外交官子羽再加以修饰，最后由子产本人润色定稿。这样一步一个脚印地推行，他执行的政策又如何会失败呢？"（《论语·宪问》）

所以，当有人问孔子子产是个什么样的人时，孔子立刻回答说："他是个仁爱的人哪！"（《论语·宪问》）

孔子出生前十几年，也就是鲁昭公六年（公元前536年），中国有记录的最早的成文法诞生了。这年，子产把刑书铸在一口金属大鼎上。子产最初执政的时候，郑国流传着这样一首歌：

算计我的家产，

想要收费；

丈量我的土地，

想要征税；

谁要讨伐子产，

我就加入军队！

可是三年之后，郑国民间又流传了一首民歌：

我们的子弟，

靠子产教育；

我们的土地，

靠子产开辟；

子产要是死了，

好政策谁来继续？

子产死了，不但郑国哭声遍野，好多其他各国的人士也哭了，其中包括孔子。孔子抽泣着说："他的仁爱，是古代的遗风啊！"他称赞子产是对人民宽厚的人。他说："子产合于君子之道的有四项，他用庄严恭敬的外貌规范自己，用负责认真的态度侍奉君上，用恩惠来教养人民，用道义来管理人民。"（《论语·公冶长》）

昭公十八年（公元前524年）夏，郑国和周边的宋国、卫国、陈国都发生了大火灾。以精通天文占卜之术闻名的裨灶夜观星象后预言，如果不听他的话，郑国会再次发生火灾。郑国人都要求听从他的话，用宝物祭祀来消灾。子产不同意。子太叔劝子产说："宝物是用来保护人民的，现在国家都要灭亡了，您为什么舍不得它们？"子产回答说："天的运行离咱们远，人的生活、思想离咱们近，这两样毫不相干，人怎能弄明白它们之间的关系？裨灶哪能弄清楚天的运行？不过是说得多，偶然蒙中几回罢了！"

昭公十九年（公元前523年），郑国闹水灾。这期间有人看到两条龙（也许是鳄鱼）互相撕咬，场面激烈，老百姓便以为水患是它们引来的，准备举行禳灾求福的祭祀。子产不同意这样做。他说："人类争斗，龙不看；龙争斗，咱们凭什么看呢？那儿本来是龙住的地方，咱们去祭祀打扰它们干什么呢！咱们求不着龙，龙也求不着咱们。"因此郑国没有举行祭祀。

子产的所作所为，是对西周以来民本思想的发扬光大。孔子无疑也秉承了这一思想并大力发扬了它。所以，当弟子樊迟问他怎么做才算聪明时，他回答说："服务民众的要义，是既要敬畏鬼神，又不太接近他们，这才算得上是聪明呢。"（《论语·雍也》）

2. 教书育人的起步

孔子就这样不断地进取着，不断地充实着自己，他好学和见闻广博的名声也越传越远，很多人把孩子送来向他学习，一些年轻人也慕名前来，于是孔子就有了第一批弟子。这时候，他快三十岁了，所以他曾说过："三十而立。"（《论语·为政》）孔子的学生，有的是父子两代，例如颜渊和他的父亲颜路，曾参和他的父亲曾皙。颜路和曾皙就是这时候来的。

孔子另一位弟子子路，稍后也来了。起初，他可不是为了投到孔子门下而来的。子路只比孔子小九岁，二十出头的样子，他妻子也是颜家人。子路是个质朴的人，好逞勇斗力，性格刚强直率。他听说孔子比自己大不了多少，却已经很有名气，还有了许多弟子，就很不服气，想看看孔子到底是个什么样的人。于是他穿着一身戎装（头戴公鸡样式的帽子，佩带着用野猪皮装饰的宝剑），昂首挺胸地就到了孔子家里。一看孔子，高大魁梧，比自己个头还略高些，却举止文雅，十分和气，自然而然地有着一种凛然不可冒犯的威严，子路的气焰马上矮了一半。但他仍不服气，手持宝剑挥舞起来，并问道："古代的君子是用宝剑来自卫的吗？"——他想和孔子比比剑术呢！孔子让他坐下，对他说："古代的君子，心里装着忠诚，用仁德来自卫。君子待在自己一丈见方的房子里，而知晓千里之外的大事；面对不友好的人则用忠诚感化他，面对冒犯自己的人则用仁德稳住他，用得着挥舞宝剑吗？"孔子的一席话让子路彻底折服了。最后孔子说："仲由，你这样端着，不累吗？这是干什么呢？那长江啊，从岷山发源，它细小的水流仅仅只能够浮起一只酒杯；当它流到设立渡口的地方时，如果不合并小船，不避开风头，人们连渡江都不可能，这还不是因为越到下游水才越多。人也是一样的啊，越能谦虚低调，才越有知识和修养。如今你穿着华美的衣裳，目空一切地来到这里，普天之下，谁肯把你的过失告诉你呢？"

子路听了，恭敬地快步走了出去，换了一套衣服，又神情自若地进来了。孔子说："仲由，记住下面这些话！我明明白白告诉你，热衷说话的人往往华而不实，行为夸张的人往往自我吹嘘，看上去很聪明且有能力的人往往是小人。所以说，君子知道就说知道，这是言谈的要领；没能力就说没能力，这才是最了不起的行为准则。言语简约，才能体现智慧；行动与能力相匹配，才能实践仁德。既仁爱又有智慧，那不就够了吗？"

孔子通过循循善诱，使得子路心悦诚服，于是子路改穿儒服，通过孔子弟子的引荐，带着拜师的礼物，上门请求做孔子的学生。子路是一个襟怀坦白、诚实可信的人。他和孔子亦师亦友，可以不留情面地和孔子争论；他也最忠诚最热心于孔子的事业，是伴随孔子、追随孔子最久的门徒之一，差不多有四十年。

在孔子以前，教育是贵族子弟的专利，这就是所谓"学在官府"，平民没有受教育的资格。在孔子之前，若干有一定文化教养的贵族，特别是"士"一级的下层贵族，也利用自己的文化修养——《诗经》《尚书》《礼经》《乐经》等方面的知识——收徒设教。尽管一种叫作"村塾"的教育机构在春秋时已经有了，但影响不大。真正在中国教育史上与"学在官府"相对立的"学移民间"，是孔子实现的。也就是说，自从孔子大规模办学之后，教育移到了民间。

孔子曾说："只要送我一束肉脯作为见面礼的，我没有不教诲他的。"（《论语·述而》）在农业畜牧时代，一束肉脯不算什么贵重礼物；而且，孔子是讲求"礼"的，用今天的话来说，就是要有"仪式感"。他又说："人人我都教育，没有贫富、地域等的区别。"（《论语·卫灵公》）这比起从前来，可就是大进步了！

自然，大贵族中也有送子弟来求学的。鲁国大夫孟僖子的两个儿子孟懿子（名叫"何忌"）和南宫敬叔（名叫"说"）也来到了孔子门下。这可说来话长。

在孔子三十五岁那年（鲁昭公二十四年，公元前518年），鲁国大夫孟僖子去世了。临死前，他曾嘱咐他的手下人和他两个十三四岁的儿子说："礼仪，是做人的根本。没有礼仪，不能自立。我听说有一个将要得志的人名叫孔丘，是聪明人的后代，而他的家族却在宋国灭亡了。他的祖先弗父何本来应当据有宋国而让给了宋厉公。到了正考父，辅佐戴公、武公、宣公，三次受到任命，一直做到上卿，为人也就更加恭敬，所以纪念他的鼎上的铭文写道：'第一次任命低头，第二次任命躬身，第三次任命把腰深深弯下。沿着墙赶快走，也没有谁敢把我欺侮。稠粥在这里煮着，稀粥也在这里煮着，用来糊住我的口。'他恭敬如斯。臧孙纥说得好：'聪明人里具有明德的人，如果不能做国君，他的后代必然显贵。'现在恐怕会应验在孔丘身上吧！我如得以善终，一定把说与何忌托付给他，让他们侍奉他而学习礼仪，以稳定他们的地位。"所以孟懿子和南宫敬叔把孔子作为老师来侍奉。孔子说："能够弥补过错的，就是君子啊。《诗经·鹿鸣》说：'君子要学习好榜样。'孟僖子就是个好榜样啊！"（《左传·昭公七年》）

孔子为什么这么说呢？孟僖子又为什么要把儿子托付给孔子呢？原来，孟僖子之前就因为不懂礼，遭遇了人生的一次重大挫折，可以说让他抱憾终身。

在孔子十八岁那年，也就是鲁昭公七年、楚灵王六年（公元前535年）的时候，楚灵王建造的富丽堂皇的大离宫已经完工一阵子了。该离宫的主体建筑是一座大土台。这种土台也是那个时期比较流行的建筑，比如《论语》里的"舞雩"就是沂水边的一座高台。不过，楚国的这座台子特别壮观，有现在的十层楼那么高，占地面积可比十层楼大多了，被命名为"章华台"，遗址在今天的武汉市西边偏南约180公里的潜江市某地。

有道是明珠不暗投，自从章华台建成之后，楚灵王就想好好地显摆一番，于是就在这年，灵王准备举行一次重大的落成典礼，邀请诸侯参加。

当灵王宣布要邀请诸侯参加落成典礼之后，太宰薳启疆就自告奋勇道："大王，我能为您请来鲁君。"原来，唐尧以及夏商周时代的礼仪制度，鲁国都兼而有之，当时各诸侯国中流传着的鲁国礼仪制度，是周公制定的。而且历史上，鲁国的君臣从没有相互残杀过，鲁国的政治、礼制、音乐、刑罚、法律以及风俗自周公那儿起就从没有改变过。因此，全天下的人都认为鲁国是君子之国、礼乐之邦，以上各个方面，大家都应向鲁国学习。

早在距章华台修建一百二三十年前的时候，鲁国发生内乱，齐桓公想趁机吞并它。刚从鲁国回来的仲孙湫劝道："鲁国还执掌着周礼呢！周礼是立国的根本。我可听说过，'国家将要灭亡，就像大树那样，树干必然先倒下，然后枝叶跟着落下'。鲁国若不抛弃周礼，是动不了它的。您应该先平定鲁国的祸患并趁机和鲁国拉近关系。亲近有礼仪的国家，这才是成就霸业者应有的格局。"

楚国以前是文化落后的国家，自打先王熊绎筚路蓝缕打下一片天地以来，历代国君励精图治，国力随之大增，疆域日益辽阔，早就和当时中原最大的国家晋国争雄天下了。但楚国最没有自信的，是文化。因此，许多年来，楚国都孜孜不倦地吸收中原先进文化。这次章华台的落成典礼，可正是向以鲁国为首的拥有先进文化的中原各国学习礼仪的好机会呀！楚国怎么可能会绕过鲁国呢？当下，灵王就打发蓬启疆直奔鲁国而来。

蓬启疆先是大大恭维了鲁国和鲁君一番，接着又说："鲁国先君成公曾对楚国大夫婴齐许诺，要派人到楚国参观指导，而楚国君臣郑重其事地在宗庙祷告，伸长脖子仰望，至今已经四代了。其间只有贵国襄公到了我国土地上，如果您能屈尊移步，楚国君臣将得到恩宠福泽……"

鲁昭公去了，带着重臣孟僖子（那时，孟僖子还算年轻）。孟僖子去干什么呢？在各种待人接物的场合，给鲁昭公提个醒——其实到鲁昭公这里，鲁国君臣对周公传下来的各种礼仪，早就不太熟悉了。这在前边，我们是交代过的，而且《论语》里也浓墨重彩书写过。比如，孔子见到鲁君时行礼如仪（这在《乡党》有许多细节的描写），有些人却认为是孔子谄媚。这件事是记载在《论语》第三篇《八佾》里头的。《八佾》还记载了两件事：一是有个叫臧孙辰的大夫为一只叫"蔡"的大乌龟造了座房子，房子建得雕梁画栋、富丽堂皇，这显然是不符合"礼"的。二是孔子进太庙观摩，依循古礼，凡是不太明白的就提问。可是太庙的管事人许多事答不上来，于是不胜其烦地说："谁说鄹大夫的儿子懂礼呢？进了太庙，每件事儿都要问。"

鲁昭公和孟僖子也没有例外，当楚国君臣眼巴巴地望着这对君臣想要从他们身上学点什么的时候，他们却闹了笑话。

这一点《左传》却是惜墨如金，毕竟《左传》是以鲁国为中心展开的，作者不能不为鲁国留点儿面子。《左传·昭公七年》说："三月，昭公去楚国，郑伯在师之梁慰劳昭公，孟僖子做副手，不能相礼（相礼，就是负责处理敬礼、答礼的事宜）；到达楚国，不能对郊外的慰劳答礼。"

所谓"郊外的慰劳"就是迎接之礼。这才刚到楚国呢！可以想见，接下来的日程安排，对孟僖子来说，可是度日如年哪！

过了些日子，楚王隆重地在章华台宴请昭公，他安排了些高大健壮的人相礼，以壮国威，这当然是不懂礼的土老帽做派。可是昭公和孟僖子也半斤八两，自然也说不出什么。吃吃喝喝之间，楚王一高兴，就把楚国收藏多年的国宝大屈之弓送给了鲁昭公。第二天酒醒了，楚王后悔了，蓬启疆就去国宾馆看望昭公。昭公自然要说些感谢楚王赠送国宝的话，蓬启疆听后俯身就拜，并祝贺昭公。昭公忙问为何，蓬启疆答道："齐国、晋国、越国早就想要这宝贝了，可是我们国君不给他们，而送给了您。您可要好好收藏这宝贝，当心齐、晋、越三个邻国打它的主意哪！"昭公害怕，非要把宝弓送还给楚王。蓬启疆的意图，不难识破，可是作为相礼之人的孟僖子偏偏在这件事上没有展现礼仪之邦使者应有的智慧。

孟僖子是位"知耻而后勇"的人。这年九月，昭公和他回到鲁国之后，他就开始努力学习礼仪，并且四处打探精通礼仪的人。不久，孔子就进入了孟僖子的视野。在此后十几年里，孟僖子一直关注着孔子，他越来越觉得，孔子就是他可以托付儿子的人。

我们读《论语》会发现，孔子确实是非常遵守礼的人。据《乡党》记载，孔子看见穿齐衰孝服的人，即使是很亲近的，也一定整理仪容，以示同情；看见戴着礼帽和失明的人，即使是很熟悉的，也一定表现得很有礼貌；在车中遇见穿着丧服的人，便手伏车前的横木，俯身以示同情；遇见背负国家图籍的人，也手伏车前横木，表示敬意；面对他人以丰盛的美食款待，一定整理仪容，起立示敬。

这个时候，孔子已经小有成就，他所说的"三十而立"是实打实的！一个确凿的证据是，齐景公来鲁国访问时就曾与孔子会面，向他请教如何成就霸业。这说明，孔子已经"蜚声国际"了。

3. 向老子请教

孟僖子的两个儿子孟懿子和南宫敬叔做了孔子的弟子，但是孔子门徒中像这样的贵族子弟是少数。从后来的表现看，南宫敬叔要好许多。

孟懿子向孔子请教孝道。孔子说："不要违逆父母。"不久，樊迟为孔子驾车，孔子跟他说："孟孙问我孝道，我答复说，不违逆父母。"樊迟说："这是什么意思？"孔子说："父母健在，依礼侍奉他们；死了，依礼安葬他们、祭祀他们。"（《论语·为政》）

问礼老聃

注意，孔子称呼学生一般都是直呼其名的，例如称呼子路（名由，字子路）为"由"，称呼颜渊（名回，字子渊）为"回"。这体现了他和学生的亲密无间，可是孔子却称呼孟懿子为"孟孙"。孟僖子死后，孟懿子就是孟孙氏的掌门人，因此被称为"孟孙"。

孔子对南宫敬叔说："我听说老子博古通今，能通晓礼乐的源流，清楚道德的归属，他就是我的老师啊！我要到他那里去聆听教诲。"南宫敬叔回答说："我一定帮您办好这件事。"

老子，据说姓李名"耳"，字"聃"，所以人们又常常称他"老聃""李聃"。

南宫敬叔到鲁昭公那里，把他父亲去世前嘱咐他们兄弟的话又和昭公说了一遍，最后说："臧孙纥曾说过这样的话：'圣人的后代，如果不能执掌天下，那么必定有圣明的君主使他通达。孔子从小就喜好礼仪，他大概就是这个人吧。'我父亲又嘱咐我说：'你一定要拜他为师。'现在孔子将要到周王都洛阳，去观看先王遗留的制度，考察礼乐所达到的高度，这是大事业啊！您何不提供车子资助他呢？我请求和他一起去。"鲁君说："好。"

鲁昭公送给孔子一辆车、两匹马，又派了一个人侍候他，为他驾车。南宫敬叔和孔子一起到了周天子直辖的领地洛阳。孔子向老子请教礼，向苌弘询问乐，走遍祭祀天地之所，考察明堂的规则，察看宗庙朝堂的制度，感叹道："我现在才知道周公的圣明，以及周国能称王天下的原因。"后来孔子曾感叹地说："自从南宫敬叔让我有了车子坐，效率提高了，我的主张能够更加迅速、更加广泛地施行了。"这辆车流传后世。据记载，汉明帝永平年间（公元58—75年），钟离意当上刘姓封国鲁国的宰相后，出钱一万三千文，交给掌管民政的官员孔欣，让孔欣把孔夫子遗留下来的大车给修理好。这时，距离孔夫子得到这辆大车，已经过去快六百年了。

孔子参观周王室，走进太祖后稷的宗庙。庙堂右边台阶的前面有个铜人立在那里，嘴巴被封了好几层，但在铜人的背上刻有铭文："这是古代说话谨慎的人，要以他为榜样。要警惕啊！不要多说话，说话太多，倒霉事也多。不要多惹事，惹事太多，祸患也多……"

孔子读完这段铭文，转过头对弟子们说："你们要记住这些话！这些话既实在又中肯，符合实情，应该相信。《诗经》说：'战战兢兢，如临深渊，如履薄冰。'（小心哪！谨慎哪！好像站在深深的水潭之旁，好像走在薄薄的冰层之上。）立身行事能做到这样，还会祸从口出吗？"

孔子引用的这首诗，见于《诗经·小雅·小旻》。孔子很喜欢引用它，这也影响到他的学生。孔子的学生曾参，临去世前还在引用它。

孔子一生以在天下实现仁道为己任，不可能"不多事"，但他还是从这段铭文中汲取了营养，例如他曾说："君子要言语谨慎迟钝，工作勤快敏捷。"（《论语·里仁》）有人对孔子说："你那学生冉雍啊，有仁德，却没有口才。"孔子说："要口才干什么？靠伶牙俐齿和别人周旋，常常被别人厌弃。虽然我还不知道冉雍是否真的有仁德，但他何必一定要能说会道？"（《论语·公冶长》）还有一次，司马牛问怎样做才算有仁德，孔子回答说："仁德的人，他的言语迟钝。"司马牛不解地问："言语迟钝，这就叫作仁了吗？"孔子说："实行不容易，说话能不迟钝吗？"（《论语·颜渊》）

在老子那儿，孔子学到了许多。孔子对于礼仪最上心，就像上面说过的那样，他重点向老子请教这方面的知识，也向老子请教如何坚守道义等，老子都是有问必答，使孔子收获颇丰。

有次，学生曾参向孔子请教，问道："下葬的时候，载着棺材的车已经上路，这时突然出现了日食，要改变葬礼呢，还是不改变？"孔子答道："从前我跟着老子在巷党帮人家送葬，载着棺材的车已经上路，突然发生日食。老子喊道：'孔丘，把灵车靠右停下！叫大家别哭，等候天象变化。'昏暗的日食过后，天又变得蓝蓝的，灵车再继续上路。老子说：'按礼，就该这么做。'葬毕返回，我就请教老子：'柩车只能前进，不能返回。发生了日食，谁也不知道要持续多久，与其在路边干等着，还不如继续前进呢！'老子教导我说：'诸侯去朝见天子，每天太阳一出来就上路，傍晚太阳还没落山就找个地方休息，并且进行祭奠。大夫出使，也是每天太阳一出来就上路，太阳还没落山就找个地方休息。不能在天亮之前就出殡，也不能等到天黑下来才在半道休息。顶着星星赶路的，大概只有罪人和为父母奔丧的人吧！日食的时候，怎么知道天上不会出现星星呢？君子凡事都依礼而行，总不能让别人去世的双亲再遭受屈辱吧！'老子当年就是这么教导我的。"

孔子待了一阵子，就要离开洛阳。老子来给他送行，说了一段意味深长的话："我听说，富贵之人为人送行的时候是赠人钱财，仁人为人送行的时候是赠人良言。我不是富贵之人，如今得了仁者的虚名，就送你几句话吧！头脑聪明，富有洞察力，可是总游走在死亡边缘的人，是那些好讥讽议论别人的人；学识丰富，辩才无碍，却总是面临巨大危险的人，是那些总是只看别人缺陷并大加宣扬的人。我希望你，在长辈面前，无论有多大的成就都不能有怠慢之心；在君王面前，时时记住自己是臣子，不能乱了规矩。"孔子听了，恭敬地说："敬受教！"

老子的话，不是无的放矢，是有针对性的。孔子那时还年轻气盛，又疾恶如仇。老子不否认他的这一优点，只是希望他能够懂得保护自己。

孔子离开了洛阳，一路上都在回味着老子的话。显然，老子的忠告，孔子是接受了的。他曾说："对于缺点错误，多作自我批评，而不总是批评别人，不就消除了隐藏的怨恨吗？因为偶然的愤怒，便失去理智，甚至连累双亲，不是糊涂吗？"（《论语·颜渊》）他还说过，对不仁之人，恨得太厉害，也是祸乱的根源。（《论语·泰伯》）

孔子回到了鲁国，还在想着老子对他的教诲。他对弟子们说："鸟，我知道它善于飞翔；鱼，我知道它善于游水；兽，我知道它善于奔跑。奔跑的，可以用网套住它；游水的，可以用钓竿钓起来；飞翔的，可以用箭射下来。只有龙，我不知道用什么能控制住它，它驾驭着长风直入云霄，在无边无际的高空若隐若现。我见着了老子，觉得他老先生就像一条龙呀！"

（《史记·老子韩非列传》最后两句话的原文是"吾今日见老子，其犹龙邪"。）孔子这几句话可是十分有名啊！从此，人们一提起老子或老聃，就想起孔子说他"犹龙"。

自打和老子相见以后，孔子遇事更加客观冷静了。他本来就是充满热情、努力勤勉的人，学识也很丰富，这样一来就更加声名远播，弟子也越发多了起来，好多还是远道而来的。

尽管已经小有成就，而且有着远大抱负，但这时的孔子已经能沉得住气了。他说："不愁没有职位，只愁没有安身立命的本领；不怕没有人了解自己，只求获得让人了解自己的真本事。"（《论语·里仁》）他又说："学习之后又定时复习它，不是很高兴吗？朋友从远方来，不是很快乐吗？别人不了解我，我却不气恼，这不就是君子吗？"（《论语·学而》）从这两段话可以看出孔子平和的心态和进取的精神。孔子这时快到三十六岁了，这在他那个年代已经不算年轻了。他自己也说过："一个人到了四五十岁还默默无闻，也就不值得敬畏了。"（《论语·子罕》）但经过这么些年的磨砺，经过先辈老子的耳提面命，他的浮躁之气已经逐渐消除，能够脚踏实地一步一个脚印地前进在更加成熟的道路上了。

三 齐鲁之间

1. 来到齐国

鲁昭公二十五年（公元前517年），孔子到了齐国。齐国是周武王封给建立巨大功勋的姜子牙（太公望）的封地。到了齐桓公（公元前685—前643年在位）时，齐国濒临大海，地域囊括今山东大部和河北东南部。齐桓公在大政治家管仲的辅佐之下，通过"尊王攘夷"成为春秋五霸之首。齐国也成了那一时代的头等大国，农业发达，沃野千里，而且富有鱼盐之利。孔子到齐国时是齐景公在位，在大政治家晏婴尽心竭力地辅佐下，国家既安定又强盛。因此，孔子热切希望在齐国能有所作为。

事情会如他所愿吗？

齐国的强盛固然吸引着孔子，但他在鲁国的事业的大幕正徐徐展开，却为什么放下一切而北上齐国呢？原来，鲁国发生了政变。

鲁国的实权掌握在三大家族手里。最有实力、权力最大的是季孙氏，孔子少年时穿着孝服到他家吃饭碰了一鼻子灰；再就是叔孙氏；然后是孟孙氏，就是孟懿子、南宫敬叔他们家。这三家贵族都是鲁桓公的后人，又被称为"三桓"。此时，季孙氏家由季平子掌权。鲁昭公表面对季平子客客气气的，但心里很不喜欢他。恰巧在这时候，季平子和另一贵族郈昭伯因为斗鸡闹得极不愉快：季孙氏家的鸡戴上了小头盔，郈家的鸡爪子上绑上了锋利的金属，结果季孙氏的鸡吃了亏。季孙氏恼羞成怒，便在盖房子时侵占了郈家的封地，还出言不逊骂骂咧咧。郈昭伯很生气，因此怨恨季孙氏。

季平子不知收敛。鲁国将要在祭祀襄公的祖庙里举行禘祭，可是去跳万舞的只有两个人，因为其他舞者都到季孙氏家跳万舞去了。这件事让孔子十分生气，他说："季孙氏家用六十四人的规格在庭院中跳万舞，如果这件事都能够被容忍，还有什么事不能容忍！"原来，古代舞蹈奏乐，八人为一行，叫作一佾。八佾是六十四人，这种规格只有天子才能用。诸侯用六佾，大夫用四佾。季孙氏本来只该用四佾，却用了八佾！（《论语·八佾》）

远不止孔子，大臣们也怨恨季孙氏。这些怀恨在心的大臣们就派一个叫僚柤的人去撺掇鲁昭公收拾季孙氏。僚柤怕人发现，趁着晚上去找昭公说这事儿。昭公虽然受够了季孙氏的气，却也不傻，便装作很生气的样子，要拿戈来敲击僚柤，还大喊大叫要捉拿僚柤，但第二天并没有正式下令逮捕僚柤。僚柤躲在家里几个月，不敢去朝见昭公，后来见昭公没生气，就又偷偷去了。昭公这次没有动怒，只是说："这事儿不是你这种小人物管得着的。"在此事上，昭公的态度很微妙。不久，大臣公果出马，亲自劝谏昭公。

昭公还是下不了决心，找来以睿智闻名且与季孙氏有嫌隙的臧孙纥来商量。

臧孙纥是谁？他可是素有贤名的臧孙辰的儿子。在《论语》中，孔子对他们父子都有过评价。对于臧孙辰，孔子觉得他的智慧不敢恭维："臧文仲替大乌龟建造居所，斗栱镂刻得像山一样，梁柱上画着水藻，就这德行，他又能贤明到哪里去呢？"（《论语·公冶长》）

臧孙辰虽然没有孔子所期望的那样贤明，但其实还是很不错的。襄公二十四年（公元前549年）春，穆叔，也就是鲁国贤大夫叔孙豹，到了晋国。范宣子迎接他，问他道："古人有句话说：'死而不朽。'请问是什么意思呢？"穆叔没有回答。宣子说："从前我范匄的祖先，早在虞舜以前就是大名鼎鼎的陶唐氏，在夏朝是御龙氏，在商朝是豕韦氏，在周朝是唐杜氏，在晋国主持华夏结盟时是范氏。死而不朽，大约说的就是这个吧？"穆叔说："我穆豹所听所闻的有所不同，这叫作'世禄'，并非'不朽'。鲁国先前的贤大夫叫臧文仲，他人虽然去世了，但他的话世代都在传诵，'不朽'说的就是这个吧？我穆豹听说，最高境界是树立道德典范，其次才是建功立业，再次才是留下嘉言口口相传。这三种都能传之久远，所以才叫作'三不朽'。如果像您说的那样保住姓氏、守住宗庙、祭祀永不断绝，哪一个国家没有这样的宗族呢？这叫作大富大贵，而不能说它是'不朽'。"

按叔孙豹的说法，臧孙辰做到了"三不朽"中的"立言"，是很不错的了。可是孔子对人的评价标准更高，而且孔子没说臧孙辰说得不好，只是说他做得不够好。

臧文仲，是臧孙辰死后的谥号，臧孙纥的谥号是臧武仲。对于臧孙纥的智慧，孔子是大加赞赏的。他曾说："一个人能像臧武仲那样睿智，像孟公绰那样淡泊，像卞庄子那样勇敢，像冉求那样多才，再用礼乐来提高修养，就可以说是完美的人了。"又说："如今完美的人何必如此？见到利益能够想起是否合于道义，遇到危险能够付出生命，长期艰难困顿都不忘记年少时许下的诺言，也可以算是完美的人了。"（《论语·宪问》）

话说昭公咨询臧孙纥如何对付季孙氏，臧孙纥认为这件事困难很大，难以办成。昭公不死心，又问郈昭伯，郈昭伯当然希望昭公能抓紧行动，以出他心中一口恶气。昭公见臧、郈二人意见不统一，而且郈昭伯分明怨气很大、不够冷静，他于是找来子家羁商量。子家羁一听，就骂开了："这是哪个浑蛋让君主冒险行动，他却躲在幕后！这事儿八成是不会成功的，这不是让君主蒙受耻辱吗？这事儿可是做不得！季孙氏家掌握大权，收买鲁国民心，已经好几代了，积重难返哪！"

可是昭公恨意难消，一忍不住就发作了。就在昭公二十五年（公元前517年）九月十一日，他向季孙氏家发起了进攻，并且一下子就攻了进去。季孙氏猝不及防，只好登上高台躲避。他派人给昭公捎话说："君上您还没有调查下臣我犯了什么错，就派人来攻打下臣，这是不合理的。下臣我准备待在沂水边上，等待君主的调查结果。"昭公认为这是缓兵之计，就没有答应。季孙氏又请求自我囚禁在费地，昭公也没答应。季孙氏又请求带着五辆车子逃亡，昭公也不答应。显然，"穷寇勿迫"的道理，昭公是不懂的。子家羁劝道："您还是答应他吧！他们家在鲁国发号施令已经很久了。靠他家吃饭的贫苦百姓有许多，他家的同党也数不胜数。太阳下山以后这些人会不会冒出来，还不知道呢！不能让众人的怒气集聚，集聚得越久，它的力量就越大。怒气集聚到一定程度，老百姓就会生出反叛之心。有反叛之心的人纠集到一起，那破坏力可就大了去了！"可是昭公一反从前反复征询旁人意见的做法，一下子刚愎自用起来，不肯听从子家羁的话。郈昭伯还煽风点火，叫嚷着要杀掉季孙氏！

有道是夜长梦多，当断不断反受其乱。叔孙氏、孟孙氏害怕唇亡齿寒，经过漫长的商议——感谢昭公给了他们时间——联合季孙氏攻打了过来。三家协同发兵，昭公抵挡不住，逃走了——几经辗转，到了齐国。陪在身边的，还是忠心耿耿的子家羁，至于那位郈昭伯，早被孟孙氏杀了，就死在曲阜南门。

这昭公，怎么说他好呢？其实早在二十年前，他到晋国访问，晋国司马女叔齐就评论他不懂礼——不是指"礼仪"的"礼"。一个理由是他有子家羁这么忠诚而睿智的臣子，却不能够重用；另一个理由是鲁国的军队一分为四，老百姓靠季孙、叔孙、孟孙三家养活，民心早已不在国君这里，国君做事却不计后果——这不就是对二十年之后发生的事情的预判吗？

孔子为此叹道："天下太平，制礼作乐和出兵等都由天子决定；天下昏乱，制礼作乐和出兵等便由诸侯决定。由诸侯决定，大约传到十代，很少还能延续；由大夫决定，传到五代，很少还能延续；如果大夫的家臣把持国政，传到三代，很少还能延续。天下太平，国政不会把持于大夫之手；天下太平，老百姓就不会议论纷纷。"（《论语·季氏》）

鲁国陷入混乱之中！

昭公逃到齐国，对他没早用孔子等贤人有所反思，只是这时已经追悔莫及了。有一天，齐景公问昭公说："您年富力强，正是励精图治的时候，怎么就弄到这般田地呢？"昭公回答说："我年轻的时候，许多人打心眼儿里为我好，我没有亲他们、爱他们，他们离我而去了。许多人劝我努力向上，我讨厌他们、不听他们的，他们也离我而去了。这样一来，就再也没有能纠正我的人，也再没有能辅助我的人了。辅助我的人、纠正我的人连一个也没有了，围着我的尽是些阿谀奉承的人。这就好比一棵蓬草，根部不稳固，就算枝叶再美好绚丽，被秋风一刮就倒下了，干枯了，被吹走了。"可惜，虽然昭公认识到了这一点，却再也没有机会回到鲁国用贤任能了。

孔子看到鲁昭公也被"三桓"驱逐出国，深感失望，便离开了鲁国，到了齐国。

2. 在齐国的遭遇

我们中国，自古就有个优良传统，就是国内政治黑暗时，思想先进的人们会到国外去寻找救国之路。当商纣王实行暴政时，微子离开了他，箕子做了他的奴隶，比干强谏而被杀。孔子评论道："殷商有三位仁人。"（《论语·微子》）孟子也说："士人并没犯罪，却被剥夺性命，那么大夫就可以离开。百姓并没犯罪，却被当众侮辱，那么士人就可以出走。"（《孟子·离娄下》）

孔子到了齐国都城临淄，真正感受到了一派大国气象。他在这儿欣赏了慕名已久的《韶》，后来好几个月，连就餐的时候也在回味那荡气回肠的声响，以至于吃饭时尝不出肉味。

前面说过，齐景公曾到过鲁国。他向孔子请教如何治国理政，孔子回答说，要节省开支。景公又问："秦国地方不大又很偏僻，秦穆公如何能成就霸业？"孔子回答道："秦国虽小，但国君思虑深远；所处虽偏远，但推行的政策都有效果。各项举措很果敢，谋略很稳妥；法律无偏私，命令能贯彻。穆公先是发现身为奴隶、干完活就被关着的百里奚是个人才，把他赎了出来，授予大夫的职位；接着和他谈了三天话，把国政交给他处理。这样看来，秦穆公做天子也是够格的，岂止是称霸呢！"齐景公听后，十分佩服。

因此，孔子这次来到齐国，是很有信心也很有抱负的，想干出一番大事业。

孔子对各国政治是了然于胸的。《论语》里记载了陈亢和子贡一段谈及孔子的对话。陈亢问道："他老人家到哪个国家，必然了解该国的政事，他是打听到的呢，还是别人主动告诉他的呢？"子贡回答说："他老人家是靠温和、善良、恭敬、节俭、谦让获得的。他老人家获得的方法，和别人获得的方法大概不同吧？"（《论语·学而》）当然，这可能说的是孔子年纪大了以后的事情，但是温和、善良、恭敬、节俭、谦让的美德，孔子在年轻的时候就已经具备了。

按照当时的惯例，即使孔子曾经见过齐景公，而且也在景公那里留下了好印象，但真的想要在景公那里得到重用，还是要靠景公信得过的重要人物的大力推荐。因此，孔子到景公信得过的权臣高昭子家做了家臣。

在这期间，孔子因为有事情要和齐国国家乐团团长兼首席乐师（太师）接洽，就和他谈了一会儿音乐。齐国太师看出孔子是个精通音乐的人，就带领他的乐团为孔子演奏了一曲名叫《韶》的乐曲。孔子深深地被震撼了。他认真地学了好几个月，终于掌握了这首乐曲，一度连吃肉都感觉不到肉的香味。他曾说："想不到欣赏音乐能达到这样的境界。"（《论语·述而》）后来，他回到鲁国，曾经和鲁国太师谈到他演奏乐曲的体会。他说："一首乐曲，我觉得大约是可以深入了解的。演奏开始，奔放而热烈；展开以后，和谐舒展，明快清丽；然后不绝如缕，余音绕梁，结束乐章。"（《论语·八佾》）

在齐闻韶图

这些事，高昭子都看在眼里。他本来就看好孔子，不然也不会请孔子做家臣。经过这些事，他更认识到孔子是个"国士"一般的人才。于是，他到齐景公那里为孔子说了不少好话。齐景公显然被打动了，主动来向孔子请教治国理政的道理。孔子说："君主要像君主，臣子要像臣子，父亲要像父亲，儿子要像儿子。"这意思一是说，要维持社会上的统治秩序，各人要按其名分办事，办的事要符合自己的身份。用孔子自己的话讲，这就叫"正名"。二是说，君臣、父子这两对关系，在责任和义务上，是双向的，不是盲从的。当君主不像个君主的时候，臣子可以不把他当成君主对待。按后来孟子的话来说，臣子可以把君主当成强盗和仇人。当时齐景公听了，一下子没领悟其中的深刻含义，只觉得这话很对自己的味口，便高兴地说："对呀！如果君主不像个君主，臣子不像个臣子，父亲不像个父亲，儿子不像个儿子，就算是粮食堆成山，我能吃得上吗？"（《论语·颜渊》）

过了几天，齐景公又来问孔子治国理政的当务之急是什么。五年前，孔子就知道齐国奢靡之风盛行，这次是亲眼见到了，于是说："当然是要节约开支。"齐景公可能也不满于这种奢靡之风，很赞同孔子的话。因为谈得投机，齐景公就想把尼谿那地方的土地封给孔子。

这时齐国的首席大臣是晏婴（字平仲），孔子对他是一直有好感的。孔子曾说："晏平仲善于和别人交朋友，相交越久，别人越尊敬他。"（《论语·公冶长》）孔子仰慕晏婴，他想晏婴也会欣赏自己吧，何况他一再强调的节约开支也与晏婴的理念相吻合。可是这一次孔子错了。

晏婴的理念，其实和后来的墨家更加吻合。孔子虽然主张节约开支，但对于丧葬和祭祀的支出还是要保证的。固然，当一位叫林放的人向他请教"礼"时，孔子曾说过："就礼仪来说，与其铺张浪费，宁可朴素节俭；就丧礼说，与其强忍悲痛而和颜悦色，宁可大放悲声。"（《论语·八佾》）可是当子贡想要免除鲁国每月初一杀活羊告祭祖庙的仪式时，孔子说："赐啊，你舍不得那只羊，我却舍不得那种礼。"（《论语·八佾》）孔子的意思是，那只羊还是别节省了吧。如果换作晏婴，八成是要省了那只羊的。

因此当晏婴得知齐景公想要重用孔子这事儿以后，马上对齐景公说："儒者们总是巧舌如簧，是不能用法来约束他们的。他们性情高傲，总是顺着自己的想法来，当不了被人使唤的臣子。他们推崇大办丧事，为此倾家荡产也在所不惜，这种风气助长不得！他们四处游走乞求职位，若是任用他们来治理国家，国家一定不能治理好。自打贤君贤相相继去世之后，周王朝衰微已久，礼崩乐坏已经有不少年头了。如今孔子讲究容饰，制定烦琐的上朝下朝礼仪，一举手一投足都要严格规定。这些个劳什子，好几年也弄不清楚，几代人也学不完。君上想用它在齐国移风易俗，这对老百姓来说，恐怕不是当务之急。"打这以后，齐景公见到孔子虽然仍旧很有礼貌，但再也不提有关礼的问题。

一天，齐景公对孔子说："要像鲁国给季孙氏的待遇一样对待先生，我做不到。我想给您季孙氏、孟孙氏之间的待遇。"

　　齐国有的大夫怕孔子被重用对他们不利，就想要对付孔子，孔子听说了去见齐景公。齐景公有些灰心丧气，说："我老了，精力实在跟不上了。"（《论语·微子》）孔子听了，马上收拾行装准备离开。做饭的人正在淘米，不等把水沥干，孔子一行就出发回国了。这一年是昭公二十七年（公元前515年），孔子三十八岁。

　　孔子的齐国之行虽没有达到预期，但也有不少收获。例如，他在音乐方面，无论是演奏水平，还是鉴赏水平，都大大提高了。

　　到了晚年，有次子贡问他说："您老对于子产和晏子，评价已经到达顶点了。我想问一问这两位杰出大夫的突出事迹，以及您最赞同他们的是什么。"孔子回答说："子产对于老百姓是慈惠的，他的学问是广博的。晏子是君主的忠臣，事事为君主考虑，在行为上是恭敬而勤苦的，效率也高。我把这两位都当作兄长，爱慕他们，敬仰他们。"（《孔子家语·辩政》）晏婴阻挡了孔子在齐国的从政之路，孔子依然仰慕他，可见孔子胸襟的博大！

晏婴沮封

3. 遇见季札

在回国的路上，孔子见到了他仰慕已久的吴公子季札（也称"季子"）。这是怎么回事儿呢？

在这一年，吴国发生了政变，这就是有名的"鱼藏剑"的故事。

季札是吴王寿梦的儿子，有同父同母兄弟四人。季札年龄最小却最贤能——"季"就是老四的意思，三位哥哥都很喜欢他。为寿梦服丧期满后，季札的哥哥打算立季札为国君，季札推辞道："曹宣公死了，无论诸侯还是曹国人都不认同曹君负刍，要立子臧，子臧便离开了曹国，因此君子说子臧能守节义。您继位是理所当然的。当国君不是我的志向。我虽然不肖，但愿意依从子臧，来成全自己的初心。"哥哥们依然要立季札，季札便抛弃了家产去耕田，他们才没有再坚持。长兄遏私下对另外两位弟弟说："现在逼迫季札接受君位，季札一定不愿意，我们最好让君位兄弟相传而非父子相传，这样最终会传给季札。"两位弟弟都赞同。季札的哥哥们做国君的时候，都做冒险的事只求早死，吃饭时一定祷告说："苍天若保佑我国，就赶快将祸端加于我身上！"后来遏死了，余祭继位；余祭死了，夷昧继位。夷昧死了，国家本应传给季札，但那时季札正出使在外。

　　僚是夷昧的儿子，趁机自立为吴王。季札出使归来，把僚当国君来侍奉。遏的儿子名叫公子光，号阖闾。他生气地说："先君将王位不传子而传弟的原因，都是为了季札能继位啊！如果认同先君的说法，那么国家应该传给季札。假如不认同先君的说法，应该即位的人是我啊，僚凭什么当国君？"于是他就请求专诸刺杀僚。在一次宴会中，专诸扮作厨子，把短剑藏在烧好的鱼里，在上菜的时候把僚给杀了。公子光就夺取了王位，他就是吴王阖闾。

　　听到消息后，季札从齐国赶了回去，但他不是去争夺王位的，而是为了吊祭他已死的侄子吴王僚，然后便准备住到自己的封地延陵（在今江苏常州）去，以后再也不出来了。

　　在季札从齐国返回吴国的路上，他的长子死了，将在嬴、博两地之间下葬。这个地点距离鲁国边境不远，与孔子返回鲁国的既定路线也不远。孔子知道季札是懂得礼仪的人，他不想失去任何学习的机会，于是赶往那里去观看葬礼。观看完毕，孔子不禁赞叹道："延陵季子对于葬礼的仪节，真是懂得很哪！"这是《礼记·檀弓》记载的，也是典籍中这两位杰出人物相见的唯一记载。

　　季札祭拜完侄子之后离开吴国，到了延陵，此后再也没有回去过，后来大家称他为"延陵季子"。君子认为他不受国君之位是义，认为他不杀人是仁。

　　延陵季子曾经奉命向西出使晋国，沿途佩带宝剑拜访了徐国国君，二人很是谈得来。徐国国君观赏季札的宝剑，嘴上虽然没说什么，但能从神色中看出他很是喜爱它。季札完成出使晋国的使命之后，经原路返回，这时徐君已经死在了楚国。季札解下宝剑郑重地交给继位的国君。随从者劝阻说："这是吴国的宝物，不能送给别人。"季札说："我不是'主动送给'他的。早先我经过这里，徐国国君把玩我的宝剑，虽然没有说什么，但他的脸上显出很喜爱的样子。我因为要出使晋国，当时没有送给他，但其实心里已经愿意送给他了。如果因为他死了，而不把宝剑送给他，就是欺骗自己的良心。舍不得宝剑而欺骗自己的良心，正直的人不会这样做。"说着，他便解下宝剑送给继位的国君。新国君说："先君没有留下遗命，我不敢接受它。"季札便把宝剑挂在了徐国国君坟墓边的树上。徐国人赞美季札，唱道："延陵季子啊，不忘记亡友。解下千金之剑啊，挂在了他的坟丘。"（《新序·节士》）

孔子十分仰慕季札，虽然他俩只见过一面，可是神交既久且深。后来季札死了，孔子还为他题写了碑文。这碑上的字，据说是孔子唯一被保存下来的书法。

一千多年后，杜甫路经阆州，去祭扫很赏识他的前宰相房琯的坟时，写下了名篇《别房太尉墓》。这首诗，收入了《唐诗三百首》：

他乡复行役，驻马别孤坟。
近泪无干土，低空有断云。
对棋陪谢傅，把剑觅徐君。
唯见林花落，莺啼送客闻。

其中第六句，就用了季札挂剑的典故。

这一时期，鲁国依然很混乱。逃到齐国的鲁昭公曾经想借齐国和宋国的力量回国复位，但季孙氏依靠晋国的势力始终拒绝接纳鲁昭公。孔子仍旧没有从政的机会。

回到鲁国，孔子转眼已是"四十不惑"（《论语·为政》），也就是到了具备丰富的知识和较强的判断力、遇事能自己做出正确判断的年纪。

4. 在鲁国无所作为

鲁昭公在齐国四处碰壁，于昭公三十二年（公元前510年）去世。昭公的弟弟成为嗣君，就是鲁定公。这一年孔子已经四十三岁了。

又过了五年，鲁定公五年（公元前505年）六月，季孙氏家宗主季平子（季孙意如）死了，继承宗主的是他的儿子季桓子（季孙斯）。这时，阳货、公山不狃的专权令季孙家的人逐渐产生反感，只是这两人才干出众，全家族的人都依赖他们，故而敢怒不敢言。这时季桓子年幼，毫无经验，他最信赖的人其实是仲梁怀。仲梁怀颇为得意，不大看得起阳货和公山不狃，尤其反感他们的专权。阳货也讨厌仲梁怀。恰好季平子死了，导火索就由一件小事儿点燃了。

季平子要下葬了，丧事由阳货操办。他向仲梁怀索要季平子主持重大仪式时常佩戴的一块宝玉一起下葬，仲梁怀不给。仲梁怀认为这块玉原是鲁昭公主持重大仪式时佩戴的，鲁昭公逃往齐国后，季平子拥有了它；今后是季桓子主持大事，得由季桓子佩戴。说一不二的阳货居然吃了憋，于是记恨上了，就去找公山不狃商量如何赶走仲梁怀。公山不狃说："他不给你玉，也是出于公心，怎么能以此为理由赶走他呢？"

公山不狃和阳货比，人品还是要强一些的。否则，孔子后来也不会动了要去投奔他的心思。（《论语·阳货》）但是不久，仲梁怀又和公山不狃产生了矛盾。原来，没有得到玉，阳货也不能久等，就把季平子下葬了。父亲下葬了以后，季桓子外出巡视，到达了他的封地费邑。作为费邑宰的公山不狃到郊外去欢迎慰劳季桓子一行，并专门慰问了仲梁怀。仲梁怀仗着季桓子的宠幸，没把公山不狃放在眼里，对他很是轻慢。这可惹恼了公山不狃，不过他没有立时发作，而是去找和仲梁怀早就有矛盾的阳货商量对策。

阳货答应与公山不狃一起对付仲梁怀。不过，他有更大的计划，所以没有立即行动。到了九月，在公山不狃的支持下，阳货赶跑了仲梁怀。阳货想当季孙氏主管，季桓子不同意，遭到阳货囚禁。阳货还杀了季桓子关系亲近的一个族人公何藐威胁他。摄于淫威，季桓子只好暂时同意，并签署了任命文书。第二天，阳货又赶跑了季桓子的堂兄弟公父文伯和季平子的女婿秦遄。公父文伯的母亲是齐国公主，两人自然逃往齐国去了。

"三桓"之中季孙氏势力最大，叔孙氏和孟孙氏的现任宗主都很年轻，缺乏历练。阳货掌握了季孙氏的权柄，就是鲁国最有势力的人了。

孔子说过，不处在那个职位，便不为它的政务操心。（《论语·泰伯》）也可以这样理解，一旦处在了某个位置，就要为它的政务操心。阳货虽然名不正，但他既然是鲁国最有权势的人，也就要操心操心鲁国的事儿了。

阳货能一步步崛起，由家臣做到掌握鲁国权柄之人，自然不是个只有蛮力的莽夫，他颇有心计。当初被他从季孙氏宴会上赶走的年轻人居然才华横溢、声名鹊起，成了鲁国很有影响力的人物，是他没有料到的。虽然心里不大情愿，但他知道治国理政不能没有人才，更不能让人才为他人所用，成为自己的阻力，必须将其纳入麾下。但他还是想摆谱，不愿上门拜见孔子，而想让孔子来拜见自己。

孔子一来小时候受过阳货的气，对他印象历来不好；二来按照以往的礼节，上位的人想请教贤者，必须亲自登门。因此，孔子就没主动去拜见阳货。阳货便耍了个小花招，他让人送了孔子一只蒸熟了的小猪做礼物。按照当时的礼节，收礼者是要回拜答谢的。孔子便打听到阳货不在家的时候，才去答谢。不巧，回家的路上，孔子遇到了阳货。

阳货以长者的口吻对孔子说："过来，我和你谈谈！"见孔子反应冷淡，他接着说："空有一身本领，却听任国事糜烂，可以叫作'仁'吗？"他接着又说："不可以。投身事业，却屡屡错失良机，可以叫作'智'吗？不可以。太阳、月亮升起又落下，岁月可不饶人哪！"（《论语·阳货》）

最后那句话像一道闪电，击中了孔子的心灵深处。孔子后

职司乘田

来说过，时光一去不复返，就像这汹涌澎湃的波涛昼夜不停地向前奔流。（《论语·子罕》）

孔子曾说"道不同，不相为谋"（《论语·卫灵公》），就是"主张不同，不共同商议"的意思。可见，孔子是不会到阳货手下做事的。但孟子也说过，在那时候，阳货若是不玩花样，先去看望孔子，孔子哪会不见他呢？（《孟子·滕文公下》）

5. 继续从事教育事业

鲁国乌烟瘴气的局面暂时无法改变，孔子只好把全部精力放在教书育人上。同时，他也没忘记时刻学习，使自己的学问日益精进。

《史记》记载说，这期间孔子没有做官，在家努力学习，弟子也越来越多了。哪怕是远道而来的，也没有不留下来向孔子努力学习的。

他曾说："让我多活几年，到五十岁时去学《易经》，就可以不犯大错了。"（《论语·述而》）

教育是艰苦和寂寞的事业。他曾说："吃粗粮，喝冷水，弯起胳膊做枕头，乐趣也在其中。用不正当的手段得来的富贵，对我来说如同浮云。"（《论语·述而》）

理想长期无法实现，人却一天天老去，有时候孔子也会感到失望。他曾想去偏远的地方重新开始，甚至想到海外开辟一处乐园。孔子曾经想搬到鲁国南边的九夷去住。有人说："那地方偏远闭塞，不开化，怎么好去住？"孔子说："有君子住在那儿，就不偏远闭塞了。"（《论语·子罕》）孔子曾说："我的主张实在贯彻不了的时候，我想坐着小木筏到海外去。但跟随我的，恐怕只有仲由吧！"子路听了这话，十分高兴。孔子说："仲由的好勇甚至超过了我，只是没有地方获取扎木筏用的木材！"（《论语·公冶长》）

孔子经常讲的是"仁"，"仁"的主要意思就是要爱他人——这是孔子在弟子樊迟问什么是"仁"的时候回答的（《论语·颜渊》）。后人把这一回答总结为"仁者爱人"。我们知道，西周以来，平民意识逐渐兴起，那时兴起了一种观念，就是天意取决于民意，这无疑是一个历史性的进步。从此之后，虽历朝历代都不乏暴君出现，但当有人打着"吊民伐罪"的旗号来讨伐这暴君时，没人敢说这一旗号是错的。也就是说，"吊民伐罪"具有了正义性、合理性。但是，"民"是个集体名词，一方面，尽管统治者说天意取决于民意，但具体的"人"往往得不到尊重，他们的权利被漠视；另一方面，"吊民伐罪"的旗号也往往被一些残民以逞的人所利用。孔子提出"爱人"，是爱身边的一个个具体的人，尊重"人"的权利，这无疑是一个巨大的进步。孔子推行教育向平民开放也是基于这种主张。仁者爱人，无疑是孔子思想中最进步且有现实意义的智慧。

孔子常常教育弟子们要广泛学习经典，学习艺术，学习日常的各种技艺，同时要关心政治。他总是襟怀坦白，不藏着掖着，喜怒哀乐都展现给弟子们。他曾说："大伙儿不会觉着我有什么掖着藏着的吧？我对你们没有什么隐瞒。我的所作所为没有一点不是与你们共同去做的，这就是我孔丘的为人。"

（《论语·述而》）

孔子和人交谈的时候，总是平等待人，即便对弟子也是如此。这样一来，弟子回答问题就轻松自如，也经常让孔子回答问题。有一天，颜渊、子路两人陪着孔子。孔子说："为什么不各自说说你们的志向？"子路说："我愿把车呀、马呀、衣服呀这些东西，和朋友共享，直到用破了也没什么可惜的。"颜渊说："我的愿望是不吹嘘自己，不夸耀自己的功劳。"这时子路就问孔子了："希望听听先生的志向。"孔子说："我的志向是，老人，我能安抚他们；朋友，我能信任他们；年轻人，我能关怀他们。"（《论语·公冶长》）这样的问答是温馨的、其乐融融的。

孔子说："教导学生，不到他有强烈求知欲的时候，不到他想说而说不清楚的时候，不去启发他。教给他一个方向，他却不能由此推知其他三方，便不必再教下去了。"（《论语·述而》）是的，孔子是善于根据学生的个性实行启发式教育的，他善于根据弟子们的不同爱好、不同个性来掌握说话的分寸。

一天，孔子和弟子子路、曾晳、冉求、公西华坐在一起，这时孔子大约五十二岁，四十多岁的子路最靠近孔子，其次是二十五六岁的曾晳，再次是二十岁出头的冉求，最后才是不到二十岁的公西华。孔子说："不要因为我比你们年龄虚长一点，就不敢说话。你们平日里总是说：'人家不了解我呀！'如果有人了解你们，你们打算怎么办呢？"

子路想都不想就抢答道："一个拥有千辆兵车的国家，局促地夹在大国之间，外有别国军队侵犯它，内有灾荒。如果让我去治理，只要三年光景，就可让国家遭遇外患时，人人奋勇争先，同时文化教育事业也蒸蒸日上。"

孔子听了，不觉笑了笑。

这时曾皙正用瑟给大家伴奏，孔子就看向了冉求，叫着他的名字说："求啊，你怎么样呢？"

冉求见子路往大了说，孔子笑了，就把本来想说的稍微压缩了一点："方圆六七十里或五六十里的小国，我去治理，只要三年光景，可使人人丰衣足食。至于怎样做才能让它成为礼仪之邦，那就只好等待贤人君子了。"

孔子沉默了一会儿，点点头表示认可，然后看着公西华说道："赤（名赤，字子华，又称公西赤）啊，你怎么样呢？"

公西华见冉求的谦虚得到认可，便说："不敢说一定行，我愿意边做边学。举行祭祀或与外国盟会时，我愿穿着礼服、戴着礼帽，做一个小小的司仪。"招待宾客，是公西华最为擅长的，他说的全是实话，一点没有夸大，孔子也就没说什么。

终于轮到曾皙了。孔子问道："曾点（名点，字子皙，又称曾皙）！你怎么样？"曾皙渐渐放慢了鼓瑟的节奏，最后铿的一声停了下来。他腾地站起身，答道："我的想法和他们三位的有所不同。"

孔子说："那有什么关系，各人说各人的志向罢了。"

于是曾皙说："晚春三月里，置办妥当春天的衣服，我陪同五六个大人、六七个少年，在沂水边上洗洗澡，在求雨台上吹吹风，然后唱着歌回家。"

孔子听了，大为赞叹，说："啊！太好了！我赞成你所说的！"

孔子为什么单单赞成曾皙所说的呢？这是因为，他所追求的仁、他所追求的太平盛世，和曾皙描绘的图景高度吻合——那个时代的人们就应该过这种无忧无虑的生活。这幅图景，和陶潜的"采菊东篱下，悠然见南山"有异曲同工之妙。

说完，子路、冉求、公西华都退出去了，曾皙因为还要收拾乐器，暂时没走。他见孔子赞许他，自然很高兴，只是不太明白那三位同学的志向为什么没得到孔子的赞许，于是问道："那三位同学的话怎么样？"孔子淡淡地回答道："不过各人谈各人的志向罢了。"

曾皙紧接着追问道："那您为什么单单笑仲由呢？"孔子说："治理国家讲求礼让，他说话却一点也不谦虚，所以笑一笑他。"（《论语·先进》）过了一会儿，孔子又说："但他这人确实是不错的。他不畏强暴，不欺负鳏寡孤独，说话从来都依循本心。他身材伟岸，仪表堂堂。他的才能足以统帅军队。这都是子路的品行。他是质朴胜过文采的，我所做的，就是增强他的文采。用《诗经》来形容他，就是'接受大法和小法，对各国仁厚宽大，如此天子都恩宠。大施神威奏战功，不震惊来不摇动'。真是刚强勇武之人啊！不过他终究是质朴胜过文采的！"（《孔子家语·弟子行》）

曾皙又问："难道冉求所讲的就不是国家吗？"孔子说："怎见得方圆六七十里或五六十里的地方就不是一个国家呢？他尊敬长辈，体恤幼小，不管是对贵宾还是一般的客人，都不忘照顾。他又爱好学习，多才多艺，善于省察事物的实情并勤于操办。这是冉求的品行。我对他说过：'好学就有智慧，同情孤寡就是慈惠，恭敬就接近礼法，勤劳就不会匮乏。尧舜就靠着忠厚恭敬，才一统天下。'他这人，做个卿大夫是绰绰有余的。"（《孔子家语·弟子行》）

曾皙最后问："公西华讲的不是国家吗？"孔子说："有宗庙，有国际会盟，不是国家是什么？如果他只做一个小司仪，谁来做大司仪呢？公西华这人哪，整齐庄重而又严肃，志向通达而又喜好礼仪，他作为两国君主的傧相，是再好不过的了。厚重典雅，礼宾之事能处理得恰到好处，这是公西华的品行。我评价他：'礼经三百篇，努力学习也能够掌握；三千多种庄严礼仪的细节，掌握起来可就难了。'公西华当时说道：'弟子愿闻其详。'我回答说：'掌握各种容貌来引导配合礼仪，掌握各种礼仪来引导配合辞令，这些要做得恰到好处，是很难的。一旦做到了，大家就会觉得这次两君会见很成功，这对于国家可是大贡献。'所以我对大家说：'接待宾客这件事，他已经通达无碍了。你们之中凡是想学习接待宾客礼仪的，就跟着公西华学吧！'"

多少年后，孔子去世了，他的殡葬事宜就是公西华具体负责的。

曾皙这才明白了，在孔子心目中，子路、冉求和公西华到底是什么样子，也明白了他对自己赞许的缘故。

就在这一年，孔子终于等来了从政的机会，他准备在鲁国大展宏图。

四 外交内政的作为

1. 从政的前夜

如前所说，在孔子专心于教育工作的时候，鲁国已经形成了"陪臣执国命"的局面，以季孙氏为首的"三桓"已经执掌了鲁国的权柄。昭公死后，定公依然是个提线木偶。而在季孙氏家里，阳货、公山不狃等人逐渐掌握了大权，"三桓"也逐渐大权旁落了。

面对这种情况，孔子看得很清楚，说："国家政权离开了鲁君，已经五代了；政权到了大夫之手，已经四代了。所以桓公的三房子孙现在也衰微了。"（《论语·季氏》）

阳货正当用人之际，而孔子不为所动，阳货只好退而求其次。季孙氏、叔孙氏、孟孙氏门里有一些自以为怀才不遇的人，他们也就成了阳货要拉拢的人。

季寤（季桓子的弟弟）、公鉏极、公山不狃三人在季孙氏家不得志，叔孙辄（叔孙家的庶子）在叔孙氏家不得志，叔孙志在鲁国不得志，所以这五个人先后投靠了阳货。阳货一心想着掌控"三桓"，让季寤取季桓子而代之，用叔孙辄夺取叔孙氏的大权，自己掌控孟孙氏。

转眼到了定公八年（公元前502年）十月，这个月要按照继位顺序轮流祭祀先公，阳货计划的关键一步开始迈出。初二日，在僖公庙举行禘祭。初三日这一天，阳货明面上要在蒲圃设宴招待季孙氏，实际上打算趁机杀了他。阳货下令给兵车部队："就在癸巳那天……"

世上没有不透风的墙，何况命令都已经下达，知道的人就多了，于是这事儿就让孟孙氏封地成邑的总管公敛处父知道了。公敛处父问孟孙氏宗主孟懿子（他可是孔子的弟子）："季孙氏家的兵车部队进入了战时状态，这是为什么？"孟懿子说："我没听说。"公敛处父说："看样子是要叛乱了，这必然要波及您，您应该有所准备。"孟懿子同意进入戒备状态。

那种紧张状态，也让季桓子有所警觉。初三日，在前往蒲圃的路上，阳货正驱车走在前面，林楚为季桓子驾车，警卫军官手持铍（长矛）、盾在车队的两边护卫，阳货弟弟阳越的车走在最后。蒲圃就快到了，季桓子一看这架势，觉得不对，就对林楚说："你的先人都是季孙氏家的忠良，你若要继承他们的遗志，在此一举。"林楚说："现在恐怕来不及了。阳货执政，全鲁国人都服从他，违逆他就是寻死。"季桓子说："还来得及。你能带我到孟孙氏那里去吗？"林楚回答："我不怕死，怕的是不能使主人免于祸患。"季桓子鼓励道："去吧！"

孟孙氏正用三百个奴隶在门外为公期建房子。林楚鞭打着马，飞驰而去，阳越用箭射他，没有射中。这时建房子的人已关上大门，有人从门缝里用箭射阳越，箭和阳越都风驰电掣，可惜方向相对，阳越被穿了个透心凉，立即坠落马下，呜呼哀哉了。阳货闻讯大惊，只好退兵回到曲阜，劫持了鲁定公和叔孙武叔——叔孙氏的宗主，并着手攻打孟孙氏。这时，公敛处父率领成地人马从曲阜的上东门进入，和阳货的人马在南门内大战，僵持不下。棘下也发生了战斗，阳货的人马败了。阳货见大势已去，带着一伙人逃到五父之衢——就是孔子停放母亲棺木的地方，自己准备睡觉而让人去做饭。手下人说："快逃吧，追赶的人就快来了。"阳货说："鲁国人听说我逃走了，正庆幸呢，哪还会来追我？"手下人说："快套马车吧，公敛处父就要来了。"此时，公敛处父请示孟懿子追击阳货，孟懿子不肯；公敛处父想要杀掉季桓子，孟懿子害怕就把季桓子送回家去了——看来孔子对他的教导还是起了作用。季寤见势不妙也逃走了。阳货逃往齐国，后来又逃到晋国去了。

阳货逃到齐国后，由于他能说会道，又确实是个能人，齐景公曾经很信任他，要重用他，对他很是礼遇。阳货趁机请求齐国派兵攻打鲁国。鲍叔牙的曾孙、大夫鲍国劝说齐景公道："不能这样做！阳货这个人，季氏是那样信任他，他却要讨伐季氏，这是因为他贪图季氏的富有。如今您可比季氏富多了，而齐国又比鲁国大，阳货打的什么主意，不是一清二楚了吗？我猜想，阳货想要鹬蚌相争，得渔翁之利呢！如果齐国军队胜了，他固然有很多好处；如果败了，齐国大臣战死许多，他就可以上位来使奸计了。"齐景公听了，吓出一身冷汗，就准备把阳货给抓起来。阳货是何等奸诈之人，早就收买了齐景公身边的人，布置了眼线，他一得到消息，就赶紧逃到了晋国。

阳货到了晋国，很快被赵简子赵鞅（赵成之子、赵武之孙）任命为家臣。孔子听说此事后，对子路说："赵家怕是得有几十年的内乱了。"子路不以为然，说："他没掌权，作不了乱啊！"孔子说："这个你还不了解。阳货在鲁国没得逞，在齐国又没得逞，两国现在已经免于他的祸害了。赵简子这人，有些贪婪，又容易相信别人，一定会被阳货的花言巧语所迷惑。但是，阳货暂时还不会得逞。他能否得逞，没有个十几二十年是不会有结果的。"

是的，孔子说这事儿时间久了才能见分晓，确实是对的。不过，孔子并不真正了解赵简子，他的手段可比阳货高。此后好多年，赵简子用阳货给自己办成了许多事儿，又把阳货管得死死的，使他只能顺着指定的路线走。这是后话。

仲梁怀一伙分崩离析，阳货出走，季孙氏家臣中唯一尚未失势的，就只剩下公山不狃。他在定公八年（公元前502年）占据了鲁国的费邑（在今山东费县），想以此为根据地来对抗季桓子。但这时候，他只是盘踞在那儿，只是心里面有这个打算而并未付诸行动，也就没有显露出叛变的痕迹。这是《左传》等史书的记载。《论语·阳货》记载的"公山弗扰（公山不狃）盘踞费邑要造反"，只是《论语》的编纂者——孔子的再传弟子们根据后来发生的事往前推的罢了。

公山不狃想要有所作为，也需要网罗人才，而鲁国最有影响力的人物，自然就是孔子了。于是，他打发人来请孔子。

他也明白孔子对季孙氏长期把持朝政是深恶痛绝的。孔子呢，唐玄宗李隆基的一首诗描述得好："夫子何为者，栖栖一代中。……叹凤嗟身否，伤麟怨道穷。……"也就是说孔子一生奔波忙碌，抱负却得不到施展。这时候孔子都已年过半百了——那时节人们的寿命可不长——仍然没有从政的机会。孟子曾说，依靠道德来实行仁义的，可以使天下归心，做这事儿的不必是个大国——汤就仅仅用他方圆七十里的土地实行仁政，文王也就用他方圆百里的土地实行仁政，从而使人心归服，统一了天下。这个道理孔子自然是懂得的。如今机会来了，孔子自然心有所动。

这时候弟子里就有不赞成的了。最年长的弟子子路就出来劝阻，他说："没地方可去了吗？为什么一定要到公山氏那里去呢？"

孔子却道出了他的心曲："那个叫我去的人，难道是白白召我吗？如果有人用我，我大概会使周文王、武王之道在东方复兴吧！"（《论语·阳货》）

要说公山不狃的人品，还是和阳货以及仲梁怀有所不同的，这点孔子心里明白。前面提到，阳货在仲梁怀那里碰了壁，去找公山不狃商量对策，公山不狃却说仲梁怀不给阳货玉是出于公心。这是一件事，还有一件事。"堕三都"之后，叔孙辄和公山不狃都逃到了吴国。到了鲁哀公八年（公元前487年），吴国想要攻打鲁国，吴王便询问叔孙辄，叔孙辄回答说："鲁国不过徒有其表罢了，攻打它，一定可以如愿。"叔孙辄出来就告诉了公山不狃。公山不狃说："这不合于礼。

君子离开祖国，不到敌国去。在鲁国没有尽责，反而去攻打它，为敌国奔走效命，这样还不如去死！像这样的委任，应该躲开。一个人即使离开祖国，也不该因为抱怨而祸害祖国。现在您由于小怨而要去颠覆祖国，这对于您来说，不为难吗？如果派您领兵做先锋，您一定要推辞啊！到时候吴王会派我去的。"叔孙辄这才悔恨自己的鲁莽灭裂。吴王又问公山不狃攻打鲁国之事，公山不狃答道："危急存亡之秋一定有和鲁国共患难的国家。诸侯会来援救它，我们是不能如愿以偿的。晋国、齐国、楚国会帮助它，这就等于吴国有四个仇国了。鲁国是齐国和晋国的嘴唇，唇亡齿寒，这个您是知道的，他们怎么会不去救援呢？"不久，吴国攻打鲁国，因为公山不狃是鲁国人，熟悉地形，吴国于是派公山不狃为先锋，公山却故意带着吴军走了一条经过武城的险道。

武城在鲁国南境，过了武城就是吴国属地了。孔子去过武城多次，对这儿当然是熟悉的。《论语》里有两处关于武城的记载。一次见于《雍也》，一次见于《阳货》，说的是学生子游（就是言偃）做武城县的长官，每次孔子问他话，他的回答都让孔子很满意。这个下文会说到。

尽管公山不狃不算太坏，孔子辅佐他似乎还能有所作为，但孔子到头来还是没有去——他做不出有违自己信念的事情。他时常仰望着星空长叹："大道会实现吗？这归命运决定。大道会废弃吗？也归命运决定。"（《论语·宪问》）

命运会让日趋年迈的孔子有所作为吗？

2. 担任中都宰和司寇

不久，孔子有了真正从政的机会。这时候是鲁定公九年，即公元前501年。这年孔子五十二岁，在鲁国当了中都宰。

公山不狃想招揽孔子而孔子并不去的事儿也被鲁定公和季桓子得知。那时节诸国已经进入人才争夺战时期，鲁定公和季桓子知道孔子是能干且有大理想的人，况且孔子手下能人如云，他们也担心这样的人才被别人招揽去；他们也清楚孔子的为人，知道他对鲁国的感情。孔子能出来从政，是这些因素综合作用的结果。

中都宰就是鲁国首都的行政长官。在这个任上，孔子做出了成绩，各个国家都听说并且想效法孔子的做法。因此孔子又升为司空，相当于建设部长；不久，又升为司寇，这是管理司法的长官。

他审理案件时，都要从民众中选一些人来参与。他总是问："你以为怎样？你又以为怎样？这样判行吗？"每个参与的人，他都这样子问一问，最后孔子说："某某说的最公允，就按他说的办。"

从前，鲁国有个卖羊的沈犹氏，他常常早上给羊灌满水才去市场卖；还有个公慎氏，他的妻子与人淫乱，他都不敢管；还有个慎溃氏，他生活奢侈，而且违背礼法。鲁国卖牲畜的人，常常漫天要价。等到孔子治理鲁国一段时间之后，沈犹氏不敢给羊灌水了，公慎氏也敢把淫乱的妻子休掉了，慎溃氏也卷着铺盖细软逃到国外去了。再过了一段时间，卖牲畜的人再也不敢漫天要价骗人。在路上行走的男女，各走一边。东西掉在地上，也没人敢捡起据为己有了。男的推崇忠信，女的洁身自好。各国的客人到了鲁国，不用联系有关公家机构，路上自然会有人热情招待，就像到了家一样温暖。

孔子的官虽然越做越大了，但他在乡里说话却非常温和、恭顺，好像不善言辞一样。不过，他在宗庙典礼和朝廷议事的时候，说话仍旧明白流畅，只是很谨慎。上朝的时候，他跟同事说话，显得温和而快乐，平易近人；跟上级说话，恭敬的同时，能够刚正不阿。当国君在时，孔子说话恭敬而又略显拘谨，严肃而又温和。（《论语·乡党》）

孔子做了司寇后，学生中善于断案的，也有从事司法工作的。孔子经常告诫他们说："长期以来，由于在上位的人胡作非为，百姓早就流离失所、食不果腹了，往往铤而走险。你们办案，如果能够审出罪犯的真实情形，便应该抱着同情的态度，千万别因为破获了案件而扬扬得意！"（《论语·子张》）

孔子这样教学生，自己也是这样做的。曾经有一对父子对簿公堂，孔子让人把他俩关起来，供着吃喝，三个月都不判案。后来，做父亲的要求撤诉，孔子就把他俩放了。季孙氏听说了这事儿，很不高兴。他说："司寇这回骗了我！从前，他对我说，治国首在孝道。如今，我想杀一个不孝的典型来推行孝道，这不是挺好的吗？结果却被他放了，真是搞不懂他！"冉求听说了这事儿，就来告诉孔子。

孔子回答说："不教育便杀戮叫作'暴虐'。"（《论语·尧曰》）接着，他又解释道："这是什么意思呢？上位者失去道义，却靠杀掉底层百姓来立威，没有这样的道理。平时不教育百姓行孝，一旦他们犯错就加以法办，这等于是杀掉无辜的人。军队打了败仗，是不可能把军人都杀掉的；监狱管理混乱，也不能去杀犯人。为什么呢？上位者不能有力地推行教化，是不能怪罪百姓的，要从自己身上找原因。上位者先在教化上懈怠，不用怀柔的办法慢慢感化百姓；一旦感到有压力，突然用严刑峻法来要求百姓达到很高的程度。用这样的手段来达成政绩，这是一种戕害，也是一种暴虐。"（《孔子家语》）

3. 外交上的成就

又过了一年——鲁定公十年（公元前500年），这年孔子五十三岁了，鲁国在他的治理下已经大有起色，这让齐国感受到潜在的威胁。到了夏天，齐大夫黎鉏建议齐景公派人出使鲁国，与鲁定公在夹谷举行盟会。夹谷在今泰山以东的莱芜、新泰地界。齐国的如意算盘自然是想威服鲁国，不战而屈人之兵。

齐强鲁弱，鲁定公不得不同意赴会。会期快到了，鲁国一行人收拾车辆准备出发。外交事务也是归司寇主管的，孔子就被委派协助鲁君。临行前，孔子向鲁定公建议说："我听说过，外交，必须以武力做后盾；军事，也必须有外交做后盾。文武两手，必须互相配合。请求您带着左、右司马（相当于军队的正、副司令）率领军队一道去。"

鲁定公说"好"，就让左、右司马率领着军队跟着去了。

齐景公和他的助手晏婴也到了夹谷。这里修了个高高的土台子，一共三层。两国国君按照诸侯相见的礼节，互相作揖，你谦我让地登上了土台子，先是宴饮了几杯，然后互赠礼品。接着大臣黎鉏小声对景公说："现在鲁国当权的孔丘，只懂得繁复的礼节礼仪，却缺乏勇武。在会上，我们派莱芜本地的东夷人拿着武器劫持鲁君，逼迫他做出有利于我国的承诺，我们一定能如愿以偿！"于是东夷人打着旌旗，挥舞着羽毛，手持长矛、大戟、长剑、盾牌，蜂拥而上，对着鲁君就是一顿叫喊。他们拿着武器在鲁君眼前晃来晃去，那武器都快碰到鲁君的脸了。说时迟那时快，孔子本来不在最高一层的台子上，这时他也顾不得礼仪，三步并作两步往顶层飞奔，还差一级时就扬起袖子高呼："两国君主正在举行友好盟会，丑态百出的舞乐怎么出现在此？！战士们，你们拿好武器上去！两国君主在这儿友好会盟，一些野蛮人却拿着兵器来捣乱，这绝不是大国君主领导诸侯应有的方式！刀枪剑戟破坏不了两国的友好——因为这些都违背了上天的旨意！从德行上说，这样做丧失了道义；对于人来说，这样做丢弃了礼仪。这样做，必定不是出于大国君主的本心！"齐国管事的官员只好喝令那些人退下。那些跳舞的人望着景公和晏婴，犹豫着不肯动，景公听了孔子一番义正词严的话，十分惭愧，只好挥挥手让他们退下。

过了一会儿，齐国司仪又高声叫道："请演奏宫廷舞乐！"一些小丑侏儒又发出怪叫一拥而上，孔子又从下面飞跑向顶层，还没到时就扬起袖子高呼："戏弄诸侯的，按罪当斩！请下令执行吧！"齐国管事的官员只好赶快把那帮人抓起来带走。

文的方面，孔子的话义正词严；武的方面，鲁国军队严阵以待。齐景公看清楚了鲁定公是难以轻易劫持的，只好急匆匆结束了盟会。

齐景公吃了憋，心里难受，埋怨他的大臣们说："鲁国的臣子按着君子之道辅佐国君，可是你们却唆使我采用野蛮人的办法，玩弄小聪明。这下我把鲁君得罪了，这可怎么是好？"

大臣们说："君子做错了事，就拿实际行动来道歉；小人做错了事，只用花言巧语来道歉。您若对此感到不安，我们就用实际行动来认错就好了。"

齐景公便退还了以前所侵占的鲁国城池郓、汶阳和龟阴，以此表达歉意。

孔子在外交上也取得了胜利。

夹谷会齐

4. 与鲁国贵族斗智斗勇

夹谷之会后，鲁国的地位和孔子的声望都得到显著提高，孔子要逐渐实行他的一贯主张了。孔子的一贯主张是什么呢？他曾经说："天下太平，制礼作乐和出兵等都由天子决定；天下昏乱，制礼作乐和出兵等便由诸侯决定……天下太平，国政不会操持于大夫之手。"（《论语·季氏》）具体到鲁国，就是首先要削弱季孙氏、叔孙氏、孟孙氏三家贵族的势力。鲁定公十二年（公元前498年）的夏天，孔子分析了鲁国的形势，觉得时机成熟了，就分别对鲁定公和季孙氏说："按照礼制，臣子不能拥有私军，大夫的封邑不能有三百丈长的城墙。"鲁定公很高兴，显然，这对他是有利的。季孙氏也不好说什么，因为他自己的封地还被公山不狃占着，他正可以用这个理由来收回失地。这时候，子路正在季孙氏家当主管，这也为一步步拆除三家贵族封地的城墙带来了便利。

叔孙氏带了个头，他立刻把他的封地郈邑的城墙给拆了。叔孙氏为什么响应呢？这事儿说来话长。

当年，叔孙武叔的父亲叔孙成子打算立武叔为继承人，叔孙氏的族人公若藐坚决反对这样做，但成子还是立了武叔。鲁国马正（掌管卿大夫家兵甲车马的官员）公南派圉人射箭暗害公若藐，没有得逞。公南权势很大，设法让公若藐做了郈邑行政长官。大局已定，武叔派郈邑的马正侯犯谋杀公若藐，也没成功。侯犯的手下献计说："如果我拿着把宝剑经过朝堂，公若藐一定会打听这剑的来历。我就说是您的，他一定会仔细打量这剑。我装作不懂礼节把剑尖朝着他，就可以趁机杀了他。"侯犯觉着这个主意挺好，就派他去做。公若藐一见剑头来了，立刻明白了，便说："你把我当吴王僚吗？"说时迟那时快，侯犯手下一剑刺死了公若藐。侯犯趁机占据郈邑叛变，武叔包围郈邑，但没有攻下。

这年秋天，武叔、公南借助齐军再次包围郈邑，也没有攻下。武叔对郈邑的工匠主管驷赤说："这地方不仅是整个叔孙家族的忧虑，也是鲁国的祸患，怎么办呢？"驷赤说："《诗经·扬之水》这首诗末章的四个字（'我闻有命'，这里就是'遵命'的意思），就是我要干的事！"叔孙对他行礼致谢。驷赤回去对侯犯说："夹在齐鲁之间而不侍奉其中一国，一定行不通。您要统治一方，何不请求侍奉齐国？不这样的话，您会众叛亲离的。"侯犯信了这话，就派人联系齐国。齐国使者来了后，驷赤和一些郈邑人在郈邑四处散布消息说："侯犯准备把郈邑换给齐国，齐国人准备把郈邑人迁往别处。"古人安土重迁，最怕背井离乡，因为那样会死很多人。所以，这流言就像炸弹扔进池塘里，掀起了轩然大波，人人都怕得要命。驷赤又对侯犯说："现在意见不一致，这可不好办！与其等死，不如拿郈邑和齐国做交换。换了后，郈邑还是这个郈邑（古代城邑是可以流动的，只要人还是那些人），但是可以免除后患。何必吊死在一棵树上？齐国人想借这块要冲之地压迫鲁国，和您换的土地必然比这块地要大。咱们还可以多备一些皮甲，放在门边以防意外。"侯犯是个四肢发达头脑简单的人，傻乎乎地说："对啊！"于是他就备了许多皮甲放在门边。侯犯正式请求齐国交换土地，齐国有关官员准备视察郈邑。快要到时，驷赤的人四处奔走大喊："齐国的军队到了！"郈邑人吓得要命，纷纷穿上侯犯家门口的皮甲然后围住了侯犯。驷赤装作要射这些人，侯犯摆手示意别射，说："您想个办法让我逃走。"侯犯要求离开，郈邑人同意了。驷赤带着侯犯去宿邑，驷赤在前，侯犯殿后。他们出一道门，郈邑人就关上一道门。到了最靠外的郭门，他们却被拦住了。大家说："您穿着叔孙氏的皮甲出去，将来有关部门责罚下来，咱们会吃不了兜着走。"驷赤解释说："叔孙氏的皮甲做了标记，我可不敢带出去。"侯犯对驷赤说："您留下和他们交涉吧！"驷赤因此留下，并把鲁国军队放了进来。侯犯逃去了齐国。就这样，郈邑的城墙被顺利地拆除了。

现在轮到季孙氏的城墙了。季孙氏的城邑在费县，被公山不狃霸占着。季孙氏愿意拆除城墙，这样可以趁机赶跑或除掉公山不狃。但公山不狃自从阳货失败出逃后，就在做准备，这时他和叔孙家的妾生子、一直不得志的叔孙辄一起攻打曲阜。鲁定公和三个儿子躲避到季孙氏的大宅院里，虽然公山不狃半天没攻进去，箭却已经射到鲁定公身边了。孔子命令申句须、乐顷两位将军大举进攻公山不狃，公山不狃失败逃跑，一直败退到姑蔑（在今山东泗水县），才彻底被打败。最终，公山不狃逃往齐国，费邑的围墙也被拆除了。

　　三家已有两家拆了城墙，就只剩孟孙氏了。孟孙氏的当家人，就是和孔子有师生关系的孟懿子，也就是南宫敬叔的哥哥。当初他俩受父亲临终嘱托拜孔子为师，与孔子建立了师生关系。有了这层关系，想必这城墙的拆除是不难的吧？

　　然而，事实并非如此。孟孙氏的城堡在成邑（在今山东泗水县），驻守成邑的公敛处父向孟孙氏的当家人孟懿子说："这地方离齐国挺近的，如果把城墙拆了，齐国军队就可以从北边长驱直入。这里可是孟孙氏的桥头堡，这地方没了，孟孙氏也就毁了。我可不想拆了它。"于是他们想尽办法阻止孔子拆城墙。眼看都到冬季了还是没拆成，鲁定公便派军队包围了成邑，但没能攻下它。

　　无论如何，三家贵族有两家的势力被削弱了，因此可以说，在内政上，孔子也取得了胜利。这年，孔子五十五岁。

5. 弟子们脱颖而出

　　季孙氏有感于阳货和公山不狃的专权和以下犯上，觉得应该在孔门选择有德行又能干的弟子来做自己的家臣。他已经选中子路来做他家的总管，想让闵损（字子骞）来填补因公山不狃逃走而空出的费邑总管的位置。

　　闵损是个有德行的人，以孝顺出名。《二十四孝》中"芦衣顺母"的故事里，他就是主人翁。这一故事是历史传说，是否真实已不可考，但闵损的孝顺是实打实的。孔子就曾说过："真孝顺哪，闵子骞！别人对他爹娘兄弟赞颂他的话没有半点怀疑！"（《论语·先进》）这时闵损已经四十岁上下，正是年富力强的时候。

孔子曾说："后生小子，在家便孝顺父母，出门便敬爱兄长，谨慎而且信实，博爱大众，亲近有仁德的人。这样躬行实践之后，有剩余力量，就再去学习文献。"（《论语·学而》）可见，孔子认为跟随他学习的前提之一，是孝顺父母。孔子还说，要把孝顺父母、友爱兄弟的风气推行到政治上去。（《论语·为政》）因此，孔子的得意弟子有若在谈到他跟着孔子学习的体会时说："一个人既孝顺父母，又敬爱兄长，却喜欢冒犯上级，这种人是很少的；不喜欢冒犯上级，却喜欢造反，这种人从来没有过。君子致力于打基础，基础牢固了，大道理就容易明白了。孝顺父母，敬爱兄长，这就是'仁'的基础吧！"（《论语·学而》）孝顺的人不会冒犯上级和造反的道理，季孙氏当然明白，所以他选中了闵损。可是闵损志不在此，但他对季孙氏的器重还是心存感激之情的。他对来人说："好好地替我辞掉吧！若是再来找我的话，那我一定会在汶水边上了。"（《论语·雍也》）汶水，就是如今山东的大汶河。汶水的北边就是齐国国境，闵损的意思是如果再来找他，他就逃到齐国去。

闵损此时年富力强，如果他出来做事，孔子是不会反对的。这不，对子路当了季氏家总管，孔子就乐观其成。不过，如果孔子认为学生尚且年轻，道德学问和本领还没有到家，他会提出他的看法。闵损不肯当费邑总管，他就举荐了高柴。高柴和颜渊同年，当时约二十四岁。按说，这个年纪出来历练历练也可以了，可是高柴的资质比较愚钝，孔子就说："那会害了高柴这孩子！"子路历来不怵和孔子顶嘴，就说："那儿有老百姓，有土神谷神，为什么一定要书读得好才行呢？"孔子懒得和他争论，就说："所以，我讨厌巧舌如簧的人。"（《论语·先进》）当然，孔子并不讨厌子路，只是俩人相处久了，已经像家里人一样说话比较随便了。

就这样，高柴继续跟着孔子学习，终于有所成就。

那时，孔子以大司寇的身份在鲁国主持国政，但他和弟子们在长期共同生活中形成的团体，不可能因此消散于无形。《论语·述而》中陈国的司败曾说："君子是不结党的。"但现实生活中人们因观念相同而无形中接近，在任何时代都是不可避免的。孔子曾说："君子是团结而不是勾结，小人是勾结而不是团结。"（《论语·为政》）他承认君子也是抱团的，否则任何事情都干不成。《论语》还有几处记载也说明了这一点。

公西华出使齐国，冉求替公西华母亲向孔子请求补助一些小米。孔子说："给他六斗四升吧。"冉求请求增加一些。孔子说："再给他二斗四升吧。"冉求却翻了几倍给他。孔子知道了这件事后说："公西华到齐国去，坐着高头大马拉的车，穿着轻便暖和的皮袍。我听说，君子只雪中送炭，不锦上添花。"（《论语·雍也》）

公西华这年才二十出头，比高柴还年轻，却娴熟于外交礼仪，所以孔子让他到齐国历练历练。冉求比高柴大一两岁，

诛少正卯

善于理财，孔子让他管出纳——孔子也干过这个。二人虽然年轻，但孔子因材施教，培养他们，也不忘经常加以鞭策。

原宪在孔子家当总管，孔子给他九百斗小米作为酬劳，他不接受。孔子说："你若是自己不想要，就分发给你那四邻八村的乡亲们吧！"（《论语·雍也》）

原宪这时三十来岁了，已经在孔门历练多年。孔子的教育，历来是既有形而下的技能训练，又有形而上的道德熏陶。原宪的谦让，也是多年耳濡目染的结果。《论语》第十四篇为《宪问》，第一章就是从原宪发问开始的。

原宪问什么是耻辱，孔子说："国家政治清明，才做官拿薪水。国家政治黑暗，依然心安理得地做官拿薪水，这就是耻辱。"

原宪又说："好胜、自夸、怨恨和贪心这几种问题都没有，可以算是具有仁德了吗？"孔子说："可以算是难能可贵了，有没有仁德，我可不知道。"

从这些事情上，我们可以看出孔子的因材施教，也可以看出孔子讲求教育的循序渐进。

6. 鲁国气象一新

定公十四年，也就是公元前496年，孔子在大司寇任上代行宰相事，面带喜色。有学生说："听说君子祸患来临不恐惧，好事来了也看不出欢喜。"孔子回答说:"是有这样的话。不过人们也说,地位提高了,还能礼贤下士,不也值得高兴吗?"(《史记·孔子世家》)

随着内政外交一步步取得成就,鲁国在各方面都气象一新。孔子新上任才三个月,卖肉的商贩便不再哄抬价格了,街面上也井井有条,东西丢了也没人捡走。他国人到了曲阜,再也不需要打点管事的小官吏了,舒适得像是回到了家里。

虽然孔子曾经担任过大司寇,但他是反对滥用刑法的。他曾说:"用政令引导人们,用刑罚整顿人们,老百姓只是免于罪过,却没有廉耻之心。若用道德引导人们,用礼教整顿人们,老百姓不但有廉耻之心,而且纷纷来归。"(《论语·为政》)孔子是真心希望人们不打官司。他说:"审理诉讼案件,我和别人一样会留有遗憾。如果想要不留遗憾,除非做到不打官司。"(《论语·颜渊》)为什么呢?孔子的得意门生曾子道出了原委。孟孙氏任命阳肤为掌管刑罚的官,阳肤向曾子请教,曾子回答说:"在上位的人胡作非为,百姓早就流离失所了!你如果能够审出他们铤而走险的真实情形,便应该抱着同情的态度,千万别因为破案了有成绩而高兴!"(《论语·子张》)

这一时期,孔子的威望空前提高,他的学生也跟着声名远播。

鲁定公曾经问孔子:"君主任用臣子,臣子服侍君主,该怎么做好呢?"孔子回答:"君主任用臣子应当合乎礼仪、讲究礼貌,臣子服侍君主应该费尽心思、全力以赴。"(《论语·八佾》)

鲁定公又问:"一句话就可以使国家兴盛,有这样的事吗？"孔子答道："话可不能这样说，不过与此差不多的话是有的。有人说：'做君主很难，做臣子也不易。'如果知道做君主的艰难，那不近于一句话便可以使国家兴盛吗？"定公又说："一句话就能使国家灭亡，有这样的事吗？"孔子答道："话也不能这样说，不过与此差不多的话也是有的。有人说：'我并不乐于当君主，当君主好就好在说什么话没人违抗我。'如果说的话正确而没人违抗，不也挺好吗？如果说的话不正确却没人违抗，不近于一句话便使国家灭亡吗？"（《论语·子路》）

孔子所取得的巨大成就，自然使得邻国特别是齐国的恐惧与日俱增。

7. 弟子公伯寮的行径

一叶知秋，一些风吹两边倒的人也嗅出点味儿来了。孔子的七十二子中也有一个两边倒的人。他叫公伯寮，字子周。《论语》《史记》都记录着他的丑行。他干了什么呢？当孔子在鲁国干得正热闹的时候，他没少当吹鼓手，说老师这了不起那了不起。可是，当他好几次直接或间接地知道鲁国权势最大的那几家已经对孔子不满的时候，他就盘算了一番，打定了主意，跑到季孙氏那里告密去了。世上没有不透风的墙，这事儿就让既跟季孙氏走得近，又和孔子及其弟子关系处得好的大夫子服景伯知道了。子服景伯一听见公伯寮添油加醋地诬陷孔子，气就不打一处来，赶紧跑到孔子那里，把听到的一五一十都告诉了孔子，还气呼呼地说："他老人家（季孙氏）固然已经被公伯寮迷惑了，我拿他老人家没有办法，但对于公伯寮，凭我的力量还足以将他的尸首示众街头。"孔子却平静地说："我的理想是否实现，是命运决定的；我的理想是否废弃，也是命运决定的。公伯寮能把命运怎么样！"（《论语·宪问》）孔子不赞成惩罚公伯寮，但他知道，他在鲁国实现理想的机会，已经非常渺茫了！

孔子为什么不赞成惩罚公伯寮呢？他曾说："对不仁之人，恨得太厉害，也是祸乱的根源。"（《论语·泰伯》）为什么呢？孔子赞美过的著名政治家管仲的一则故事，也许能够帮助我们了解孔子的心迹。

管仲帮助齐国奠定了强国地位，并使得齐桓公成为春秋五霸之首。当管仲病重，齐桓公向他咨询谁可做接班人时，管仲沉默了——这可是个大问题，马虎不得。齐桓公可沉不住气了，说："鲍叔牙怎么样？"谁不知道"管鲍之交"呀？他和管仲一辈子的交情，人品差得了吗？他又是管仲的伯乐，政治智慧应该也是没的说的。管仲却说："鲍叔，可真是个君子呀！就是白送他一个不小的国家，如果不合乎道义，他都不会接受的！尽管这样，还不可以让他治国理政，因为他的为人，太过于疾恶如仇，看见一件不好的事儿，他能记一辈子。"（《管子·戒》）

孔子不赞成找公伯寮算账，理由也和管仲想的差不多吧！

因膰去鲁

五　初到卫国

1. 继承发扬晏婴的思想

这个时候，齐国的国君还是齐景公，可是晏婴呢，夹谷之会后很快就去世了。晏婴死后，齐景公又在位了十年。齐景公在位时间很长，一共五十多年。他是一个复杂的人，既有励精图治的一面，又有荒淫无道的一面。早年，他以励精图治为主；越到晚年，就越加荒淫无道了。他身边有两拨人，一拨是像晏婴一样的贤臣，一拨是像梁丘据、黎鉏一样的小人。晏婴在世时，对小人们还能够牵制一下；等他去世了，年迈的齐景公就越发荒淫无道起来。

晏婴去世时快八十岁了，他做齐国大臣有五十多年。中国古代对于出色的政治家有个称呼，叫作"社稷之臣"。晏婴不但是当之无愧的社稷之臣，而且还是"社稷之臣"一词的提出者。他当然是有杰出才能的，更是个硬骨头！在国家危急存亡之秋，其他人都随波逐流的时候，他的硬骨头、硬脾气就愈加显得光辉夺目。

有天早上天气寒冷，齐景公对晏婴说："请去拿点热的食物来吃。"晏婴说："我不是负责饮食的侍臣，我请求不干这事儿。"过了一会儿，景公又说："那请去拿件皮袍来吧。"晏婴说："我不是管理衣服、座席的侍臣，我请求不干这事儿。"景公问道："那您老人家对于我来说是干什么的？"晏婴说："我呢，是社稷之臣。"景公问道："什么叫作社稷之臣？"晏婴答道："社稷之臣，能管理好一个国家，让上上下下的人都明白自己该干什么。他能制定各级部门的职责，使他们各司其职而不冲突；能妥善处理国际关系，与各国和睦相处。"景公觉得晏婴说的在理，从此之后，再也不对晏婴做出失礼的事情了。

孔子认为，位于鲁国境内的小国颛臾也是"社稷之臣"（《论语·季氏》），季氏想要攻打它，是别有用心。这是后话。

下面这件事儿，更能看出晏婴的胆识。

齐国棠邑大夫（棠公）死了，大臣崔杼去吊唁。他看到棠公夫人棠姜很美，就想要娶过来。他的朋友有的觉得这样做不妥当，有的说这样做不吉祥。崔杼说："她是寡妇，又没有丈夫，有什么不妥？如果说她不吉祥，她前夫已经承受过了。我可不在乎！"于是崔杼娶了她。

齐庄公听说了这事儿，就趁着崔杼不在家，前往崔家一探究竟。一见到棠姜，齐庄公就迈不动腿了，于是经常到崔家挑逗棠姜，一来二去，二人就勾搭上了。从此，齐庄公去崔家去得更勤了。有一回，齐庄公又去了崔家，看见崔杼的一顶帽子精美绝伦，还插着几根孔雀毛，就顺手拿起来赏给了随从。侍卫官连忙劝阻，齐庄公说："你是不是以为我没有别的帽子可以赏他了？"他又对那随从说："快拿走！"那人一得意，出去后便戴着这顶帽子到处转悠，被崔杼看见了。崔杼这顶帽子是特制的，没有同款。他怒火万丈，发誓要杀掉庄公。有道是苍蝇不叮无缝的蛋，崔杼终于找到了那条"缝"。那人叫贾举，是庄公身边的太监，被庄公打过，对庄公恨之入骨。

不知死期已近的庄公又以看望崔杼为名去崔府了。他匆匆问候了崔杼几句之后，就对棠姜使眼色。棠姜进入内室，与崔杼一起从隐蔽的旁门出去了。庄公不死心，他站在一个虎头墩子上，拍着柱子，迎着朝阳放声歌唱，希望用歌声把棠姜引出来。贾举挡住了庄公的随从不让他们入内，自己却随着庄公进去，关上大门。这时候，埋伏的武士一拥而上。庄公想翻墙出去，却被射中大腿，掉在墙内，被人杀死了。贾举和很多随从也在混战中死了。崔杼大开杀戒，杀了不少大臣。

晏婴听说庄公死在崔府，就来到崔府大门外。手下人问道："您要为君主而死吗？"晏婴答道："是我一人的国君吗？我为什么要为他而死？""那逃吗？""是我的罪过吗？我为什么要逃？""那回去吗？"晏婴回答道："君主都已经死了，又回到哪里去呢？作为百姓的君主，难道可以高高在上凌驾于百姓之上吗？不能！上天是让他来主持国政、养育人民的。作为君主的臣子，难道是为了赚俸禄糊口的？上天是让他来辅助君主养育人民的。所以说，国君为了国家而死，那么臣下也应该为他而死；国君为了国家而逃亡，那么臣下也该跟他一起逃亡。如果国君是为了自己而死，为了个人而逃亡，不是他最宠爱亲近的人，谁敢承担这个责任？并且别人立了国君又回过头来杀了他，我为什么要为他而死，为他而逃亡呢？可是当前，我又能到哪里去呢？"说完这话，晏婴就进入崔府，把头枕在庄公尸体的大腿上号哭了几声，又站起来跳了几下——这是吊唁死者的礼节——就扬长而去。崔杼手下人说："一定要杀了他！"崔杼却说："他是百姓的榜样，放了他，可以得民心。"崔杼立了新国君，又让庆封做左相。为了让百官臣服，崔杼让他们在宗庙歃血盟誓，以示效忠。一些不亲附崔氏、庆氏的都被当场杀害了。轮到晏婴时，晏婴宁死不肯屈服，大摇大摆走下了祭坛，坐车离去。

的确，晏婴是有骨气的，具有硬骨头精神。他不会阿谀奉承，不会端茶送水去取媚于君上。君主死了，他不惧怕连君主都敢杀的权臣而去悼念曾经的主人，但这君主不是为江山社稷而死的，死得很荒唐，晏婴也不会追随他而去。

晏婴是睿智的！早在庄公三年（公元前551年）的时候，晋国大夫栾盈逃亡到齐国，庄公以隆重客礼相待，晏婴就劝告庄公不要收留栾盈，庄公不听。第二年，庄公派栾盈秘密进入晋国都城曲沃做内应，齐国大军随后跟进。结果栾盈败露，齐军无功而返。当崔杼、庆封胁迫众大臣来发誓效忠自己的时候，晏婴抢先发誓要忠于江山社稷。有一位老先生曾评论道："这时候无论于公还是于私，晏子因为大节所在，都不容再犹豫，所以不等主持者将要效忠崔杼、庆封的话说完，就抢先一步说出要忠于江山社稷的话，崔、庆也就没有理由反对。写作者据实描述，这样晏婴忠于国家而敢于冒险犯难的情状便跃然纸上了。"

最为重要的，晏婴给后世留下了非常宝贵的思想资源，这一思想资源，又被孔子继承并发扬。

比如晏婴论"和"。和，是一团和气吗？是你好我好大家都好吗？绝不是的！

鲁昭公二十年，也就是齐景公二十三年（公元前522年），这年年底，景公去打猎，晏子陪同。一会儿，梁丘据也驾着车气喘吁吁地赶来了。景公说："只有据与我是'和'啊！"晏子回答说："梁丘据他不过是'同'而已，哪里说得上是'和'呢？"景公说："'和'与'同'有什么差别吗？"晏子答："差别大着呢！和，就像熬肉汤、鱼汤，用水、火、醋、酱、盐、梅来烹调鱼和肉，再用柴火烧煮。大厨调配味道，使各种味道协调到最好——增加鱼肉没有的味道，掩盖鱼肉的臊味、腥味。君子喝了这种汤，才能心平气和。君主和臣子的关系也是这样，君主认为可行的事，未必处处可行；臣子指出其中不完备的，就使得这件事更加可行。君主认为不可行的事，也未必处处不可行；臣子指出其中可行的，再去掉不可行的，这样一来，政事平和又不会违背礼仪，百姓就没有争夺之心了。所以《诗经·商颂·烈祖》唱道：'还有调匀美味汤，五味平和阵阵香。心中默默暗祷告，次序井井不争抢。'先王调和五味，协和五声，是用来平和心性成就政事的。音乐也像味道一样，是由一气、二体、三类、四物、五声、六律、七音、八风、九歌各方面相配合而成的，由清浊、小大、短长、缓急、哀乐、刚柔、快慢、高低、出入、疏密互相调剂的。君子听了音乐，内心平静。内心平静，德行就和谐。《诗经·豳风·狼跋》说得好：'美好音乐尽善尽美。'现在梁丘据却不是这样。国君认可的，他也认可；国君不认可的，他也不认可。如果用水来调和水，谁能喝得下去？如果琴瑟老弹一个调，谁能听得下去？不应该'同'的道理，就是这样。"

一晃很多年过去了，晏婴由青年变成了老人。一天，彗星出现，齐景公和群臣坐在柏寝台上，景公唉声叹气道："多么富丽堂皇！将来不知道这台子归谁？"一听这话，大臣们都哭了，晏婴却笑了，景公很不高兴。晏婴说："我嘲笑的是大臣们过于阿谀奉承。"景公说："彗星出现在东北方的星空，正好对应咱们齐国，我可担心了！"晏婴说："您热衷修筑高台深池，赋税生怕得不到，刑罚生怕不够重，连妖星都怕是要出现了，一般的彗星又怕个什么呢？"景公说："可以通过做法事来消除灾害吗？"晏婴说："如果做法事可以招来神灵，当然也可以让他走开。百姓愁苦怨恨、啼饥号寒的数以万计，您让一个人去做法消灾，怎能抵得过万人的诅咒呢？"

齐景公唉声叹气，众大臣都掉眼泪，这就是"同"。晏婴的笑，却是"和"。他的"和"，于民、于国，都有利。对于这些道理，孔子用一句精炼的话作了总结："君子和而不同，小人同而不和。"（《论语·子路》）

女乐文马

2. 出　走

公元前500年，晏婴生病去世。这之后，齐国的舞台该黎鉏他们来表演了。这时齐国议论纷纷："咱们的晏子死了，鲁国却有孔子。孔子如果长期受重用，鲁国必然强大；咱们国家紧挨着鲁国，必然会被兼并。现在就把土地送给鲁国得了。"说这话的人，还以为孔子也是推行"霸道"的人。夹谷之会时，黎鉏就出过馊主意，这时候更是不甘寂寞，说："那总不能什么都不干就送土地吧！先干点儿什么阻止他，干不成再送土地也不迟啊！"

于是，他们给鲁国选了八十名美女，还教会她们跳一种名叫"康乐"的艳舞，唱勾魂的靡靡之音，又选了一百二十匹油光雪亮的骏马。所有这些，都以为了两国永久和睦相处的名义，专门送给鲁国君主。送来的这些美女和骏马，先在鲁国都城曲阜城南的高门外面停留了几天，等候鲁国处理。美女们都没闲着，整日轻歌曼舞，前来观看的鲁国民众，真是里三层外三层。季桓子也按捺不住，乔装打扮前往观看，这一看就挪不动双腿了，连着去看了好几天，魂早就被勾走了。鲁国人就这么没见过世面吗？非也！只因为鲁国自古是礼仪之邦，虽然这些年礼仪已流于形式，但终究根基深厚，还没发展到齐国那种地步。况且，齐国是有备而来的。季桓子哪知道这些，自然是心旌摇荡按捺不住了。

齐国当政者明白孔子是反对这些的，所以他们不贸然进城而停留在南门外。他们的如意算盘是，一旦季桓子和鲁君被这些勾住了，就会不听孔子的劝告而接受这些。孔子性格刚烈，必然无法容忍。这样一来……

季桓子回去报告鲁定公，他要到鲁国各处去巡视一番，结果就是一头扎进了美女、骏马堆中，许多天都不打理政事。

孔子知道了，很不高兴，但还是忍着。子路可没有孔子的好脾气，见他们对孔子如此不尊重，就烦躁了起来，说："老师，我们该走了吧？"孔子说："别急。眼看在郊外祭天的日子快到了，如果祭天后能把祭肉送过来，那就证明国内秩序还没全乱，而且他们也还是尊重我们的，那我们还是可以留下有所作为的。"

但是季桓子最终全盘接受了齐国的美女、骏马，政事因此荒废了好几天（《论语·微子》）。孔子也参加了祭天，却没人来送祭肉，于是孔子毫不犹豫地走了。记载这件事的孟子紧接着评论道："不了解孔子的人以为他是为了祭肉，了解他的人明白他是因为鲁国失礼而离开的。不过孔子却是想要借个祭祀礼仪不周的小罪名而走，不想毫无理由地随便离开。"（《孟子·告子下》）

您可能要问了，孔子就这么容易上当吗？要知道，那时候使诈还不普遍，或者说有一部分人开始使诈了，而且使诈的人日趋增多，但使诈远没有后来那么普遍且使诈者不觉得羞耻。孔子正是有感于此，才挺身而出欲挽救世道人心。孔子曾说："君子，让他走开，容易做到；让他沉沦，却做不到。欺骗他，容易做到；让他迷失方向，却做不到。"（《论语·雍也》）齐国当政者使诈，挤对孔子让他离开鲁国，就孔子而言，不是什么丢脸的事儿。

孔子判定了这时候的情势是，鲁定公没有实权，季桓子重用自己，固然有着想要让鲁国强大的一面，但另一面也是想要自己帮助他把公山不狃那样的政敌给除掉。季桓子也知道孔子的志向是增强国君的权威，久而久之孔子必定会和他产生分歧，所以时间长了，必然会冷淡孔子。而且孔子的好学生孟懿子还为拆城墙的事儿和孔子僵着呢，齐国这时候又过来捣乱，孔子自觉从政对于自己来说未必擅长，于是萌生了去意。

就这样，孔子辞别了鲁国，向西而去。

离开的时候，孔子心情沉重，真是一步三回头，脚步好像迈不开似的。有学生问："老师，您以前离开齐国的时候，可是没等米淘完滤干就走了，怎么这次这么不干脆呢？"孔子说："我告诉你，慢慢走，一步三回头，是离开自己祖国的态度。不等米淘完滤干就走，是离开别的国家的态度。"（《孟子·万章下》《孟子·尽心下》）

孔子一行走到鲁国南境的屯地时，一位名叫己的乐师来为孔子送行。他说："我觉得您老人家并没有过错。"

孔子便道："我唱首歌好吗？"于是他唱道：

美人们的口，

可以把人赶走；

美人们一到来，

就可让国政败坏。

从此我优哉游哉，

度过将来的岁月！

乐师回来以后，季桓子向他打听孔子说了些什么，乐师实话实说了。季桓子听了，不无惋惜地说："他是因为我收留这些女子怪我啊！"（《史记·孔子世家》）

孔子就这样离开了鲁国。这是在定公十三年（公元前497年）春天，孔子五十六岁。从这一年到哀公十一年秋天（公元前484年）孔子回到故国鲁国，有十三年半的时间，按古时候数年头的算法，就是十四年。这十四年的时间，就是史上所说的孔子"周游列国"——卫国、曹国、宋国、郑国、陈国、蔡国（已经迁走，故地并入楚国）、楚国时期。平均算下来，孔子在一个国家大约待两年。但是，在曹、宋、郑、蔡、楚等国，孔子并没有逗留太久，有的只是从境内路过，没有到过该国都城，更没有见过该国国君。待得久的，就是卫国和陈国，卫国前后去了两三次，共十年；陈国待了约三年。

3. 决定去卫国

往哪里去呢？北边是齐国，齐国刚刚对孔子使了诈，自然是不能去了；那就剩下东边的莒国、南边的宋国，以及西边的卫国了，孔子和弟子们商量了之后，坚定地向西，朝卫国走去。

为什么呢？这就要说说历史和现实了。

孔子曾说："鲁国、卫国这两国的政治，就像兄弟一样长得差不多啊！"（《论语·子路》）鲁国、卫国的君主不但都是周文王的后代，而且这两国最开始册封的君主还是同一个母亲所生的感情亲密的亲兄弟呢！鲁国的开国君主是周公旦，卫国的开国君主是康叔，他俩的母亲就是大姒。《左传》这部书就说过："大姒的儿子中，就数周公和康叔关系最好。"所有的这些都说明，鲁国和卫国，在历史、文化和政治上是高度相似的。

而现实中的卫国，更是孔子考虑的重要因素。当时卫国国君是灵公，相对来说比较贤明。虽然孔子后来曾说过他"无道"，但那是在对灵公抱有很高的期待而有点落空后的评价，而且紧接着孔子又说卫国人才济济。（《论语·宪问》）后来，当鲁哀公问孔子当代各国君主，哪一位最贤明时，孔子回答说："我孤陋寡闻，没见着贤明的君主。如果硬要挑一个，怕是卫灵公吧！"在去卫国之前，孔子对灵公还是很有好感的。据史料记载，灵公修康叔之政，执政长达四十二年。虽然他的行为并非无可指摘，有些事情甚至还相当荒唐，但他用贤人和能人治国，把整个国家打理得井井有条。孔子就曾说过，灵公有孔圉接待宾客，祝鮀管理祭祀，王孙贾统率军队，像这样，国家怎么会败亡？（《论语·宪问》）此外，卫国的公叔文子等贤人，也是孔子所敬佩的。

孔圉去世比孔子早了一年，死后被授予"文"的谥号。子

贡对孔圉得到"文"的谥号感到不解，孔子解释了一番，这是后话。（《论语·公冶长》）

上面说到孔子晚年回到鲁国后，鲁哀公曾问孔子当代的各国君主谁最贤明，孔子的回答是没见着贤君，相比之下卫灵公算是好的。

哀公说："我可听说，他的家风不好，男女私相授受没有分寸，您却用'贤'字来评价他，这是为什么呢？"孔子说："我是评价他在朝堂上做的事，不是评价他的家风。"

哀公问道："他在朝堂上做了什么事？"

孔子回答说："灵公有个弟弟叫公子渠牟，他的智慧足以管理有着千辆兵车的中等国家，他的诚信足以守卫这个国家。灵公信任他、任用他。又有个叫林国的士人，见到贤人必定推荐，还把自己的俸禄分给他们，因此在灵公的国度人尽其才，没有闲得没事做的士人。灵公认为林国很贤明并很尊重他。还有个叫庆足的士人，卫国一有军国大事，就一定挺身而出帮助灵公处理；国家太平无事，就辞去官职让其他贤人充分展现才能。灵公喜欢而且尊敬他。还有个大夫叫史鱼，因为与灵公意见不合而离开卫国。灵公在郊外住了三天，连音乐也不听，非要等到史鱼回国，然后他才回去。就因为这些事情，我勉强说他是个贤君，不算过分吧？"

的确，卫灵公是很难用"好"或"坏"来形容的一位性格、行为复杂的人。他曾和三位夫人一起在池子里洗澡，这在当时的人们看来是极为荒唐的。这就是鲁哀公说的"家风不好"。可是，当他的大臣、有贤人之称的长者史鱼来到他的居所时，灵公小心翼翼地搀扶着他，生怕有所怠慢。据说，他死后被授予"灵"的谥号就与这荒唐和尊贤集于一身有关。

卫国一贯是以贤人多而闻名的。早在鲁襄公二十九年（公元前544年），也就是卫灵公的祖父卫献公在位的最后一年（献公三十三年），季札在鲁国观乐之后，又到了齐国、郑国，后来到了卫国。他和蘧瑗（伯玉）、史狗、史鱼、公子荆、公叔发、公子朝（这人可不是后来出现的那位也叫"公子朝"的宋朝）都很合得来，不由叹道："卫国有不少大雅君子，就不会有什么祸患。"

第二年，即公元前543年，卫襄公继位，他在位一共才九年。之后，灵公就继位了。孔子一行来的时候，是灵公在位的第三十八个年头。

孔子选择卫国，还有更加现实的考虑——落脚地的问题。跟随孔子最久的学生子路的妻兄颜雠由在卫国做官。据《孟子》记载，孔子刚到卫国，就落脚在他的家里。

子路还有个连襟叫弥子瑕，这时是卫灵公的宠臣，与灵公关系好得不得了。他也十分欢迎和希望有着极高威望的孔子住到他家去，他很早就对子路说："若是你的老师住到我家，我去和灵公说说，夫子在卫国得到卿相的位置都不在话下。"（《孟子·万章上》）

这两家都是子路的亲戚，该住到谁的家里去呢？

颜雠由和子路可不只是亲戚，还是以义相交的挚友。据《孔丛子·记义》记载，颜雠由是个孝子，子路很佩服他。雠由曾经因为被冤枉下了监狱，马上要被处死了，希望子路用钱赎他出狱。关押雠由的人也同意了，子路的一帮朋友就凑钱交给子路让他去卫国赎雠由。这时就有人说三道四了，有人还对孔子说："用朋友的钱去赎自己的至亲好友，这样做，合乎道义吗？"孔子说："出于道义而用钱赎命，又因为贫穷而舍下脸面找朋友凑钱，这都不合乎道义，还有什么合乎道义？因为舍不得钱而让无辜之人丧命，这种事即使对一般人也不忍心做出来，子路的朋友又怎么会忍心这样对待子路的至亲呢？《诗经》说得好：'如果可以赎他命，愿死百次来抵偿。'这样看来，如果可以出钱让人活下去，就算是出一百倍的钱，也不为多。所以说，子路的那帮朋友通过出钱一事实现了他们的想法，而子路帮助他们成就了道义和美名。这其中的道理，你哪会懂呢？"

这个故事很好地说明了颜雠由、子路以及孔子，是道义之交、生死之交。那么，孔子和他的学生们住到颜雠由家里，就是再自然不过的了。

但是好几十年之后，也有传闻说，孔子在卫国是住在卫灵公宠幸的宦官痈疽家里。有人还拿这传闻去问孟子。孟子回答说："不，不是这样的，这是好事之徒编造的。孔子在卫国，住在颜雠由家里……我听说过，观察身边的臣子，看他所招待的客人；观察外来的臣子，看他寄居在什么样的人家。如果孔子真的住到了痈疽家，那还是孔子吗？"（《孟子·万章上》）

进入卫国境内之后，沿途的繁荣景象使得孔子发出了由衷的赞叹："人口众多呀！"（《论语·子路》）

孔子发出的这一赞叹是由衷的！眼前的卫国，是孔子出生前差不多一百一十年的时候才新生的。一百多年前，卫国都城还在黄河北岸的朝歌（在今河南淇县），在后来卫国都城帝丘（在今河南濮阳县）的西边约两百里处。那时卫国的君主是卫懿公，他喜欢养鹤，经常让鹤坐着车子，招摇过市。全国的官员、百姓都愤愤不平。这时，太行山里的狄人见有机可乘，就往朝歌打过来了。这是鲁闵公二年、卫懿公九年（公元前660年）冬天的事情。卫懿公想组织防御，将士们都说："让鹤去吧！它们天天坐着车子，都是大官，哪里用得着咱们？"卫国连着吃了两次败仗，只剩下七百多人，退到了黄河边上。宋国的桓公把这七百多人接过黄河，他们加上共、滕两地的百姓共五千多人，在曹邑立戴公为卫国新的君主。戴公上位一个月就去世了，他的弟弟文公继位。戴公的妹妹许国穆公夫人痛惜祖国的命运，赶到曹邑，作了《载驱》这首诗（《诗经·鄘风》的最后一篇），感动了当年爱慕她的齐桓公。齐桓公资助卫国遗民吃的穿的用的和盖房子的材料，并派军队保护他们。这时，已经是鲁僖公元年、卫文公元年（公元前659年）的夏天了。文公穿着粗布衣，戴着粗布帽，夜以继日地工作，使得卫国农业、手工业、商业和教育事业都蓬勃发展起来，特别是任用贤人、能人——这成了卫国的传统。文公即位时卫国只有战车三十辆，没过几年便有三百辆了。

听到孔子发出人口众多的赞叹，正为孔子驾车的冉求问道："人口已经够多了，接着该做什么呢？"孔子说："让他们富裕起来。"冉求说："如果已经够富了，接着该做什么呢？"孔子说："让他们受教育。"（《论语·子路》）

4. 到了卫国

前两天，当孔子一行人走到卫国边疆的仪城时，这里的一位地方官一心想要和孔子见上一面。他到了孔子的住处，对门外的学生们说："凡是有德君子到了这里，我从没有不和他见面的。"随行的学生便请求孔子接见了他。他告别出来后，对学生们说："你们这些人哪里用得着担心没有官做而流离失所呢？天下无道的日子太久了，圣人早该出来了，上天就是把他老人家当作人民的导师啊。"（《论语·八佾》）

到了卫国都城帝丘，孔子见到了等候已久的卫灵公。卫灵公早已听闻孔子的大名，因此格外尊敬孔子。卫灵公给了孔子在鲁国一样的待遇——每年六万斗粮食的俸禄。

前面提到，孔子选定了卫国，是因为卫国有许多贤人，其中一位就是公叔文子。

除住在颜雠由家外，孔子在卫国也曾长期住在蘧伯玉家里。孔子与蘧伯玉惺惺相惜，公叔文子也和蘧伯玉惺惺相惜。《礼记》里就记载着这么一件事：公叔文子登上了一座叫作"瑕丘"的山坡，蘧伯玉也跟着登上去了。文子说："太招人喜欢了，这座山坡！我死了，就要葬在这地方。"蘧伯玉说："既然您这么喜欢这地儿，我愿先死，也葬在这里，咱俩好做个伴儿！"（《礼记·檀弓上》）所以，理所当然地，孔子也十分佩服公叔文子。

一次，孔子问公明贾，说："听说公叔文子他老人家不说话、不笑、不拿别人的财物，是真的吗？"

公明贾答道："这是传话的人说错了。他老人家到应该说的时候才说话，别人不厌恶他的话；高兴的时候才笑，别人不厌恶他的笑；该拿的时候才拿，别人不厌恶他的拿。"

孔子说："是这样吗？能够做到这样，那就太不容易了！"这是《论语·宪问》记载的。《宪问》还记载了这样一件事：

公叔文子有一位家臣，后人称他为大夫僎，由于公叔文子的推荐，大夫僎也升为卫国的大臣。孔子听说了这件事，便说："从这件事看，公叔文子可以用'文'作谥号了。"

《左传》中也记载了公叔文子的一件事。卫灵公三十一年（公元前504年）二月，鲁定公发兵侵袭郑国，夺取匡地，去的时候不向卫国借道；等到回去的时候，阳货却让季桓子、孟献子从卫国国都的南门进入，从东门出去，驻军在豚泽。卫灵公勃然大怒，要派弥子瑕追赶他们。公叔文子此时已告老退休，坐车去见卫灵公，说："怨恨别人却效法他，这是不符合礼的。当初鲁昭公遭遇危险的时候，君上准备用文公的舒鼎、成公的宝龟、定公的鞶鉴作为悬赏，如果有人能送回鲁昭公，就可以从中任意选取一件；如果有诸侯为鲁昭公操心，就可以把君上的儿子和几位臣下的儿子送去作人质。这是下臣们所听到的。您有大恩于鲁国，现在却要因小小的愤恨让过去的大恩德一笔勾销，恐怕是不妥当的吧！大姒的儿子，如今只有周公（鲁国君主是周公后人）、康叔（卫国君主是康叔后人）是和睦相处的了，而现在却要效法小人而丢掉和睦相处，这不是糊涂吗？上天既然要让阳货罪过越来越多并最终自取灭亡，君上就暂且等着瞧，您看怎样？"灵公马上就醒悟了。

卫灵公也记着公叔文子的好。公叔文子死了，他的儿子公叔成向灵公请求赐予谥号，说："时间有些紧迫，就要下葬了，请您赐给他老人家一个可以代替名字的称号。"灵公动情地说："过去卫国遭遇严重的饥荒，他老人家施粥给都城里饿得奄奄一息的人们，这不就是'惠'吗？过去卫国有难，他老人家不惜舍弃性命来保卫我，这不就是'贞'吗？他老人家多年掌管卫国政事，修订完善了尊卑等级制度，和周边各国交好，使得卫国社稷稳定没遭受屈辱，这不就是'文'吗？所以就该授予他老人家'贞惠文子'的谥号。"

当初，公叔文子上朝想要设家宴招待卫灵公，退朝的时候见到史鱼，便告诉了他。史鱼说："您必然要招来祸患了！您家富有而国君贪婪，祸患恐怕是免不了的吧！"文子说："您说的是。我事先没有告诉您，这是我的错。但君上已经答应我了，这可怎么办？"史鱼说："没有关系。您只要尽到做臣子的本分，就可以免祸。富有而能尽到做臣子的本分，一定能免于祸难。这个道理，无论上下尊卑都适用。但您儿子成盛气凌人，恐怕免不了要逃亡吧！富有而不盛气凌人的人很少，我只见到您能这样。盛气凌人而不逃亡的人，我还没有见过，成必定会成为其中一员。"

富而无骄，是那一时期睿智的人们总结的人生智慧。《论语》里就出现过两次。一次是孔子说："贫穷却没有怨恨，很难；富贵却不骄傲，倒容易做到。"（《论语·宪问》）还有一次，子贡问道："贫穷却不谄媚，富贵却不骄泰，做到这些就不错了吧？"孔子答道："能做到这些，算是可以了，但不如贫穷却又快乐，富贵却又谦虚好礼呢。"（《论语·学而》）公叔戌却不能做到富而无骄，难怪惹火上身了。

等到公叔文子死了，卫灵公开始讨厌公叔戌，因为他富有又不收敛。公叔戌与同伙密谋，准备剪除卫灵公夫人南子的同党。南子有所察觉，便向卫灵公控告说："戌将要发动叛乱。"于是卫灵公把公叔戌一伙人赶出了都城帝丘。

5. 第一次离卫

公叔戌逃到他的封地蒲（在今河南长垣县），后来又逃到鲁国去了。这事儿发生的时候，孔子一行到卫国才几个月。

孔子一行是在定公十三年（公元前497年）春到达卫国的（根据钱穆《先秦诸子系年》），这时公叔文子已经去世了。出于对公叔文子的尊敬，孔子和他的弟子采集公叔文子的言论和事迹，准备写点什么。上文提到的孔子与公明贾讨论公叔文子，以及公叔文子推荐他的家臣大夫僎，就是因为这件事。这就不得不和公叔戌打交道了。

有人在卫灵公面前说孔子坏话，引起了卫灵公的猜疑，于是他便派公孙余假监视孔子。不久，孔子便觉察到了，他感到很不舒服，便带领着弟子离开了卫国。这时是定公十三年（公元前497年）年底，距离孔子和弟子们来到卫国，不过十来个月。

这时，有位出生于陈国世家大族、在陈国较有势力的青年贵族公良孺，因为仰慕孔子，带着五辆车，自愿追随孔子。他极力鼓动孔子前往陈国。陈国在卫国的南边，中间隔着宋国和郑国，宋国在东，郑国在西，如果从帝丘出发，沿着宋国、郑国的边界南下，行驶约六百里，可以到达陈国都城宛丘。宛丘城，在今河南周口市东北的淮阳区，是传说中的太皞之墟，周围文化遗迹星罗棋布。对于"好古，敏以求之"（《论语·述而》）的孔子来说，这是一处有着很大吸引力的去处。于是孔子一行渡过濮水，向南迤逦而行。

6. 慎言战争

孔子离开卫国，还有一个原因，是有关战争的。《论语·卫灵公》记载了这件事情："卫灵公向孔子请教排兵布阵之事。孔子回答道：'祭祀和礼仪的事儿，我是懂点的；排兵布阵的事儿，我没学过。'第二天，孔子便离开了卫国。"孔子认为，礼仪能使人民的生活更加和谐，而战争总是剥夺生命。尽管孔子并非不懂排兵布阵，但他不愿意回答这种问题。显然，对卫灵公向他请教排兵布阵的事情，孔子是非常失望的，所以迫不及待地离开了卫国。

孔子完全反对战争吗？也不是这样的。《论语·宪问》记载了他劝鲁哀公出兵的事儿。但是，孔子一向慎言战争。《论语》中有些话，记载了孔子对待战争的慎重态度："孔子所小心慎重的事情有三样——斋戒、战争、疾病。"（《论语·述而》）他还说："君子没有什么可争的事情，一定要争的话，那就射箭竞赛吧！相互作揖后登堂竞赛，然后下堂喝酒。这种竞争是很有君子风度的。"（《论语·八佾》）孔子认为，治理好一个国家，重要的是"办事要严肃认真，诚实无欺，节约费用，爱护他人，役使老百姓要在农闲时间"。（《论语·学而》）但为了防止别国的入侵，军备也很重要。孔子在回答学生子贡询问如何治国理政时说："粮食要充足，军备要强大，政府要取得老百姓的信任。"

但是，当子贡问到这三者中哪一个最重要、哪一个最不重要时，孔子不假思索地回答："军备最不重要，而老百姓的信任最重要。即使自己没吃的饿死，也不能失去百姓的信任。因为，每个人都有一死，但失去了百姓的信任，这个国家就立不起来了。"（《论语·颜渊》）

所以，国家间的大事，能不用战争手段解决的就尽量不要用。有次子路问孔子说："齐桓公杀了公子纠，公子纠的老师召忽因此而自杀，另一位老师管仲却没有为公子纠而死，还当了桓公的宰相。管仲该是没有达到'仁'的境界吧？"孔子说："齐桓公多次召集诸侯盟会，天下太平，人民安居乐业，这不是靠发动战争换来的，这都是管仲的功劳。他这样做，符合仁德呀，符合仁德！"（《论语·宪问》）这反映了孔子对西周以来的民本思想有所发展。

必要的战争，一定是正义的战争。孔子说："天下太平，制礼作乐和出兵等都由天子决定；天下昏乱，制礼作乐和出兵等便都由诸侯决定。"天子决定发起的战争，未必就一定是正义的战争，但这种限定可以把不正义战争的发生限定在最低程度。

什么是正义的战争？《论语》中没有定义，但孟子回答了这一问题。齐宣王曾经问孟子："商汤放逐夏桀，周武王讨伐商纣王，有这回事儿吧？"孟子答道："史书上有这样的记载。"宣王说："做臣子的杀害他的君主，可以吗？"孟子说："破坏仁爱的人叫作'贼'，破坏道义的人叫作'残'。残贼俱全的人，叫作'一夫'。我只听说过武王诛杀了一夫殷纣，没有听说过他以臣弑君。"（《孟子·梁惠王下》）

孟子又说："汤不是贪图富有天下，而是为老百姓报仇雪恨哪！汤开始征战，就是从伐葛开始的。十一次征战，无往而不胜，天下没人能与之抗衡。往东出征，西夷埋怨；往南出征，北狄埋怨。百姓们都说：'为什么把我们排在后边？'老百姓盼望他，就和在大旱之年盼望下雨一样。大军征战时，做买卖的照常营业，干农活的照样耘田。杀掉残暴的君主，抚慰那些百姓，正像及时雨落下呀，老百姓非常高兴。《尚书》上说：'等待我王，王来了我们不会再遭罪！'又说：'谁敢不服从，周王便东行讨伐，来安定这地方的男男女女。他们在筐中放上黄色、黑色的束帛，请求和周王相见，以得到荣光，成为大周国的臣民。'当地的官员把黑色、黄色的束帛装满筐子来迎接周国官员，老百姓都箪食壶浆来迎接周国士兵。这种出征只是要把老百姓从水深火热中拯救出来，抓住那残暴的君主罢了。"（《孟子·滕文公下》）"周武王讨伐殷商，兵车三百辆，勇士三千人。武王对殷商的百姓说：'不要害怕！我是来安定你们的，不是和百姓为敌的。'"（《孟子·尽心下》）

《论语·宪问》记载了孔子劝鲁哀公发兵讨伐田恒（即"田成子"，"田"亦作"陈"，亦称陈恒）的事情。田恒杀了齐简公。孔子斋戒沐浴后朝见哀公，报告说："田恒杀了他的君主，请您出兵讨伐他。"孔子还说："陈恒杀他的君主，齐国有一半的人反对这样做。鲁国如果出兵，加上齐国的一半人，是有把握取得胜利的。"（《左传·哀公十四年》）哀公说："报告那三位先生吧！"孔子退了出去，说："因为我曾忝列大夫，不敢不来报告，君主竟然说'报告那三位先生吧'！"

即使是正义的战争，也要谨慎而行，并把老百姓的伤亡降到最低程度。子路曾经发问："您如果领军作战，想要与谁共事？"孔子回答说："徒手和老虎搏斗，不坐船而泅水过河，这样死了也不后悔的人，我才不和他共事呢！一定要和小心谨慎、善于用谋略完成任务的人去共事。"（《论语·述而》）他又说："用没有经过训练的人民去作战，这等于舍弃他们的性命。"（《论语·子路》）

六　仍在卫国

1. 过匡城被围困

　　孔子等人离开了帝丘往南走，走到一个叫匡（在今河南长垣市）的地方。路过这里时，为孔子驾车的颜刻拿着马鞭指着城墙说，当年他随军攻城，就是从这个缺口攻进去的。周围的匡城人听见这话，就一溜烟跑去报信了。一会儿，匡城人就把孔子和他的弟子包围了起来。这一包围就是五天，不许他们走动。孔子的弟子颜渊在路上走得慢，掉了队，这时才赶来。孔子见了他就说："我以为见不着你了，我以为你死在路上了。"颜渊说："老师还活着，我们还要做一番事业呢，我哪里敢死？"（《论语·先进》）

　　匡城人围着孔子一行人好几天，没有退的迹象。孔子的弟子有些惶恐，孔子却镇定如常，他安慰弟子们说："周文王死了以后，一切文化遗产不都在我这里了吗？天若是要灭绝这些文化，那我也不会掌握这些文化了；天若是不灭绝这些文化，

匡城人能把我怎么样呢？"（《论语·子罕》）

为了鼓励弟子们，孔子不断弹琴、唱歌。子路说："都这样了，老师为什么还这样快乐呢？"孔子说："过来，我告诉你。我害怕我的事业推行不下去已经好久了，到如今似乎是山穷水尽了，这都是命啊！我一直想通达顺畅，可怎么也做不到，这是时机不对。尧舜明君之时，普天之下，没有山穷水尽之人，这不是因为他们聪明才这样；桀纣暴君之时，普天之下，没有任何人通达顺畅，也不是因为他们智慧不够。这都是时势造成的。在水中游不用躲避蛟龙，那是渔夫的勇敢；在地上走不用躲避犀牛老虎，那是猎人的勇敢；雪亮雪亮的刀剑架在脖子上眉头都不皱，那是壮士的勇敢；知道行不通是因为时运不济，了解行得通是由于时机来了，天大的灾难降临也无所畏惧，这是圣人的勇敢。仲由，你好好待着吧！我的命运上天早就安排好了！"过了几天，有个身穿盔甲的军官进来，向孔子等人道歉说："我们以为你们是阳货呢，就把你们给包围了。现在弄清楚了，请接受我们的道歉！"原来，这个地方在七年前，曾被阳货率领的鲁国军队祸害过，人们很仇视阳货。随后孔子和弟子们合计了一下，暂时放弃了去陈国的计划，想要先回到帝丘再作进一步的打算。他们朝东北方向行进了十几里地，来到一个叫蒲的地方。在这儿，孔子一行又遇到了麻烦。

原来，这里正是被卫灵公所驱逐的卫国贵族公孙成的封地，他回到这里后，不甘心失败，正拥兵割据，想要对抗整个卫国。他们看到孔子一行有十几辆车，人也不少，心想如果孔子等人能够加入，对于势单力孤的他们，肯定大有裨益。于

匡人解围

是，他们也把孔子等人围了起来，想要强迫孔子加入他们。这时，跟随孔子而来的陈国贵族青年公良孺再也忍不住了，他说："前两天我跟随老先生在匡地遭受侮辱，现在又在这里遭受侮辱，这怕是命中注定吧！我和老先生一道遇难两次，这难道是偶然的吗？怕是上天在考验我是否有勇气吧！我宁愿战斗而死，也不愿这样窝囊！"于是他带着他的五辆车和子路等弟子一道向蒲人发起冲锋。蒲人见他们不怕死，就退了一步，随即提出，只要孔子等人不回到帝丘卫灵公那儿去，他们就可以放了孔子一行。孔子同意了，于是双方盟誓，围困解除。

　　孔子考虑之后，决定还是再回到卫国去。子贡问道："您不是和公孙戍在匡城订过盟约，不再回卫国了吗？"孔子说："那可是城下之盟啊，因胁迫而订立的盟约即便是神也不会认账的！"是的，孔子是不会拘泥于这种"小信"的。《左传·庄公十年》说过，小信和大信有天壤之别，神灵是不会降福给小信的。孔子和子贡的一次对话也能证明孔子是不拘泥于这种小信的人。一次，子贡问道："管仲怕不是仁人吧？桓公杀了公子纠，他不但没有为公子纠而死，还去辅佐桓公。"孔子说："管仲辅佐桓公，让他称霸诸侯，使天下都得到匡正，人民到今天还受到他的恩赐。假如没有管仲，我们都会披散着头发，衣襟向左边掩着，沦落为夷狄了。他难道要像普通男女的守信那样，在水沟里自杀，还没人知道吗？"（《论语·宪问》）管仲和召忽都是公子纠的师傅，桓公杀了公子纠，召忽殉难，管仲后来却去辅佐桓公。孔子不遵守城下之盟，和这事儿比，真的不算什么。

　　在路上，孔子有感于他和学生们那么敬佩公叔文子，现在却和他的儿子兵戎相见，不禁长叹几声。子贡有感于史鱼对公叔文子讲到的"富贵但不能骄泰"，问道："贫穷却不谄媚，富贵却不骄泰，做到这些就不错了吧？"孔子说："能做到这些，算是可以了，但不如贫穷却又快乐，富贵却又谦虚好礼呢。"子贡说："《诗经》上说：'好比象骨细切磋，又像玉石细琢磨。'就是这个意思吧？"子贡的意思是在推进自己道德学问的路上要像精雕细琢象牙和玉石那样，精益求精永不满足。孔子说："赐（端木赐，字子贡）啊，现在可以和你讨论《诗经》了，告诉你已经知道的，你能举一反三，推知还不知道的了。"（《论语·学而》）

　　孔子一行又回到了帝丘，卫灵公出城举行了隆重的"郊迎"。大约孔子一行在蒲地和公孙戌打的那一战，以及被迫结盟而不认账之事，卫灵公已有所耳闻，这打消了他对孔子和公孙戌是一伙的疑虑。因此一见面，卫灵公借着这个话题，就迫不及待地问："公孙戌盘踞的蒲地可以讨伐吗？"孔子回答道："当然应该讨伐。"卫灵公又说："但是我的大臣可不这样认为，蒲是夹在晋国、楚国中间的屏障，现在去讨伐，大约是不行的吧？"孔子说："那地方的男人现在有跟公孙戌拼死一搏的想法，那地方的女人也肯出力保卫自己的家乡不被公孙戌蹂躏。我们所要讨伐的，只不过是公孙戌一伙四五个人罢了。"卫灵公说："说得好！"可是后来他并没有去讨伐公孙戌。

　　孔子明白卫灵公是不思进取了，也并不真正重视自己。

孔子回到帝丘后，又住进了蘧伯玉的家。

2. 到了晋国的边界上

卫国的西边和北边有个大国——晋国，它的位置在现在的山西全境以及河北、河南、山东、陕西、内蒙古的部分地区，和卫国只隔着一条黄河。战国七雄的韩国、赵国、魏国就是晋国一分为三的结果，可想而知晋国在春秋时有多大多强。当时晋国的掌权人赵简子——他就像季孙氏在鲁国掌权一样——很有贤明干练的名声，而且正在招贤纳士。孔子为实现自己的政治理想，很想到晋国去试一试。

孔子带领着一众弟子，离开帝丘往西到黄河渡口棘津准备渡河，这时听从晋国过来的人说，赵简子杀了晋国的两位贤人——窦鸣犊和舜华；又听说，赵简子丢卒保帅，把对自己忠诚无比的谋士董安于也给杀了……

本来，想到赵简子是卫国的宿敌，孔子对到晋国是有些犹豫的。听到这个消息，他对着河水叹口气说："逝者如斯夫，不舍昼夜。"（《论语·子罕》）子贡于是问孔子说："您凡是见到大的水流必定凝视一番，这是为什么呢？"孔子说："那流水，养育着世上万事万物，看上去却像无所作为似的，这就好比德行。它往低处流淌，虽然弯弯曲曲，却是遵从着一定的道理，这就好比道义。它汹涌澎湃，奔腾不息，永远没有止境，这就好比大道之行。如果掘开堵塞，让它奔流，它就一往无前，就是百丈深渊也无所畏惧，这就好比勇气。它流入水平仪时波平浪静，这就好比法度。水满了，不需用刮板刮平，这就好比公正。它润物无声，任何小的地方都能通达，这就好比明察。任何脏东西经过它一淘洗，就光洁如新，这就好比善于教诲。它经过无数曲折、无数险阻，最终东流入海，这就好比明察志向。所以，一个君子，尤其当他遇到困难遇到挫折的时候，见到大的水流必须凝视一番，从中汲取力量。"

孔子又接着说："窦鸣犊和舜华是晋国的两位贤德大夫，赵简子没有得志的时候呢，就靠他俩给出主意、想办法，等到志得意满，却把他俩给杀了。我听说过，如果剖腹取胎，杀掉幼兽，麒麟就不肯来这国的郊野了；如果把水放干来抓鱼，蛟龙就不肯来这里刮风下雨了；如果捣毁鸟巢、砸烂鸟蛋，凤凰也就不肯飞到这里来了。这是为什么呢？因为都为同类被残害而伤心哪！鸟兽对于这样不道义的事情都躲得远远的，何况我孔丘呢！"

孔子于是回到父亲当过官同时也是他出生之地的陬乡休息了一段时间，作了一首曲子，叫《陬操》，用来悼念窦鸣犊和舜华。（《史记·孔子世家》）

这时晋国国内正在进行着战争。赵简子和晋国另外两个贵族范氏、中行氏互相攻打。赵简子的家臣佛肸这时担任中牟总管。佛肸是很有野心的，后来他发动了一场叛乱，足以证明这一点。为了积蓄实力，他需要收买人心、任用贤人。这时，他便打发人来请孔子。

丑次同车（一）

这时佛肸还没有现出本来面目，还是一幅礼贤下士、大有作为的样子。孔子觉得中牟虽不大，佛肸地位虽不高，但如果和弟子们齐心协力，未尝不可以干出一番事业，于是就想去试试。但子路站出来反对，说："从前我听老师说过，'亲自做坏事的人的地儿，君子是不会去的'。如今佛肸盘踞在中牟，迟早是会谋反的。您却要去，这怎么解释？"

孔子说："是的，我是说过这话。当时我也反复说过，那坚硬的东西呀，磨也磨不薄；那洁白的东西呀，染也染不黑。我难道只是个匏瓜，只悬挂在那里一动不动而不让人吃吗？"（《论语·阳货》）

说是这样说，可是当时晋国的情况确实扑朔迷离，让人不明就里，孔子也就没有到中牟去。他们一行还是回到了卫国。

3. 仍然回到卫国

孔子仍旧住进了老朋友蘧伯玉家。这一回，孔子在卫国一住住了三年多。

卫国在鲁国的西边，紧挨着鲁国。孔子虽然待在卫国，可是他的学生还经常来往于卫鲁之间，孔子的信息是很灵通的。《左传·定公十五年》就记载着这么一件事：这年春天，邾隐公前往鲁国朝见，子贡就在那儿观礼。邾隐公仰着脸高高地把玉举起，定公脸朝下低低地接受了玉。子贡评论说："从礼的角度评论这件事，这两位国君都快要死了。礼，生死存亡都靠它维系，现在两位国君在正月里互相朝见，行为举止都不符合礼，可见礼在他们心里已经不重要了。朝会都不符合礼，国家哪里还能够长久呢！这次朝会，我国国君是主人，恐怕会先死吧！"

这年五月二十二日，鲁定公果然死了。孔子听说后说："赐呀，不幸言中了！这件事要是传出去，就让他成了多嘴的人了。"孔子主张，即使你心里明白，有时候也没必要说出来。《论语·八佾》记载，鲁哀公曾问孔子弟子宰予关于社主的事情，宰予回答说："夏代社主用松木，殷代社主用柏木，周代社主用栗木，意思是使人民战栗，知道敬畏。"孔子闻知后便说："既成事实不必再解释，事情已完结不必再劝阻，已成既往的不必再追究。"宰予的回答，前半截是对的。孔子的意思是不让宰予显摆，而且这地方出产什么木头，就用什么木头，用得着用什么栗木去吓唬老百姓吗？

一转眼孔子六十岁了，这时已经是公元前493年。鲁定公已在两年前死了，他的儿子鲁哀公继位也已是第二个年头了。

孔子在卫国的这几年心情不算好。卫灵公已经执政了四十多年，年纪已经一大把了，他虽然也算是尊重贤者，但无奈精力不济，对于许多事情已有心无力。卫国的事情自然由一些有能力的人在打理，孔子也使不上什么劲儿。卫灵公自觉来日无多，成天和夫人南子、宠臣弥子瑕等吃喝玩乐，打发日子。

南子长得很美，是从宋国嫁到卫国来的。在宋国做姑娘的时候，她曾和一个叫公子朝（因为他是宋国人，史书也叫他宋朝）

的帅气小伙子在一起。这在当时看来是有伤风化的，可是春秋之际的社会还没像后世那么保守，因此也就不影响她嫁到卫国来，成为年纪一大把的卫灵公的夫人。

却说当下。南子这当儿一定要见见孔子，托人捎话给孔子说："四面八方的道德君子，凡是看得起我们国君、愿意和我们国君交朋友的，没有不来见见我的。我也很愿意和他们见见面呢。"这是不是和卫国仪城的那位地方官差不多呢？可见，当时的人们都以和孔子见面为荣，就像现如今的粉丝崇拜歌星、影星似的。

孔子开始的时候还婉言谢绝，但住在人家国家，吃着人家的饭，除非马上走，也不便把关系弄得太僵，只好去见了她。

南子坐在纱帐里，孔子进门，面朝北方，行了个大礼。南子在帐子里也拜了两下。因为有帐子隔着，南子离帐子近，看得见孔子；孔子离帐子远，看不见南子，只听见她身上佩戴的玉器丁零零地响。孔子出来后对弟子解释说："我以前不想见她，但既然见了，就要依礼节行事。"

可是子路很不高兴，他觉得孔子去见南子这件事是不得体的。

孔子一急，就发誓诅咒说："我的话如有不实之处，老天抛弃我！老天抛弃我！"（《论语·雍也》）

孔子见南子这事儿，不但子路不高兴，卫国大夫王孙贾也不高兴。他相当于卫国的国防部长，治军很有一套。在《论语·宪问》中，孔子还赞美过他善于治军呢！他和孔子，还没熟到子路和孔子的那种程度，但军人的性格又让他憋不住，所以只好委婉地对孔子说："我听老话说'与其献媚于奥，不如献媚于灶'，这话什么意思？"这话相当于现今常说的"县官不如现管"。屋内西南角叫奥，是祭神的地方。奥的地位高，但灶神管吃饭事宜，有实权。孔子一听就知道了王孙贾的意思，回答道："这话不对！如果做事不地道而得罪了老天，想要祈祷也找不着地儿。"（《论语·八佾》）王孙贾也就不怀疑了。

还有一件事也使得孔子很不高兴，越发使他想要离开卫国。一个多月后，有一天，卫灵公想邀孔子出去逛逛，孔子答应了。卫灵公和南子一同坐在第一辆车上，宦官雍渠陪着坐在车的右边，却让孔子在第二辆车上坐着。这车队就在闹市中大摇大摆地穿行而过。

对卫公来说，他可能觉得这样做是对孔子的尊重，但对孔子来说，这可是很难堪的。孔子后来说："唉！我还没见过喜爱道德如同喜爱美色的人！"（《论语·子罕》）

一天，孔子正敲着磬，一个挑着草筐的汉子路过门前说："这磬敲得意味深长啊！"一会又说："磬声响亮有力的，演奏的人怕是想不开呀！没人了解自己，就做一回自己好了。水深，只好穿着衣裳走过去；水浅，不妨撩起裙角走过去。"（《论语·宪问》）

孔子长叹一口气，却依然坚持着自己的理想。他对理想的坚持可不会因为这些事情而放弃。

丑次同车（二）

4. 卫国之乱与卫灵公之死

后来卫国发生了动乱，使得孔子不得不离开这儿。这事儿说来话长。

话说南子虽然嫁到卫国，成了国君夫人，可是还是念念不忘宋朝。在她的软磨硬泡下，卫灵公在一个叫"洮"的地方召见了宋朝。恰好卫太子蒯聩有事打这儿经过，听见有人唱道："你家母猪都已经心满意足，还不归还我家那白净公猪？"蒯聩觉得他爹也太委屈了，就去求见南子，同时和一个叫戏阳速的人约好，带他一起去。两人说好，到时候蒯聩转过头来使眼色，戏阳速就动手把南子杀了。到了地方，蒯聩和南子见了面，一边聊天，一边转过头朝戏阳速使眼色。戏阳速却毫无反应。蒯聩频频转头使眼色，这种奇怪的举动引起了南子的警惕。只见南子突然起身，一边号啕大哭着朝外跑，一边大喊："蒯聩要杀我！蒯聩要杀我！"卫灵公听见，便拉着她的手逃向高台。护卫队迅速围住了高台，蒯聩的图谋破产了。这事儿发生在鲁定公十四年，也就是公元前496年。这时，正好是孔子想去晋国没去成又回来的时候。蒯聩一见事情败露，就逃到宋国去了，后来又去了晋国。事后蒯聩说："戏阳速把我害惨了！"戏阳速知道后对人说："是太子想害我！太子自己太不讲道义，竟然派我去杀他母亲。我若不同意，他不会饶了我；我若是真杀了夫人，他又会栽赃给我。我只好假装答应，这样我就暂且保住了性命。俗话说得好，'老百姓用信用保全自己'。我可是用信用来保全自己的。"由这件事可以看出，就连蒯聩身边人都不赞成他的行为。卫国这一父子失和事件，给安定团结的卫国埋下了祸根，也使得孔子及其弟子不得不面临又一次的颠沛流离。

卫灵公又来请教孔子了，这次却是问排兵布阵之事。孔子猜测大约是他儿子蒯聩逃到晋国，灵公不安心，想要有所准备。但孔子是不愿意为这样的战争出主意的。首先，这种战争打得毫无道理。其次，这又与晋国这种强大的国家相关，对卫国来说太危险。最后，这是父子相残的事儿，外人怎么好插嘴！我们在之前已提到过，他的回答是："祭祀和礼仪的事儿，我是懂点的；排兵布阵的事儿，我没学过。"（《论语·卫灵公》）

第二天卫灵公又和孔子谈话，这时恰好有大雁从天空飞过，卫灵公便抬起头来看雁，而不是专注地听孔子说话。孔子觉得该是自己离开卫国的时候了。

鲁哀公二年（公元前493年）春天，卫灵公想要立南子生的小儿子郢为太子，公子郢推辞不受。夏天，卫灵公死了，结束了他在卫国四十二年的统治。卫国宫廷内斗并没有随着卫灵公的去世而告一段落，反而加剧了。南子宣称有卫灵公的遗命，叫小儿子郢来继位，但是郢却说："虽然太子蒯聩不在国内，但他的儿子辄却还在，我可不敢上位。"于是卫灵公的孙子辄成了卫国君主，就是卫出公。蒯聩的儿子终于当上了国君，蒯聩本应该高兴，可是他觉得这本该是自己的位置，让儿子坐了，很不甘心，便想靠着晋国的强大实力回国继位。晋国也希望邻居卫国有个和自己一条心的人当国君。晋国当权者赵简子一盘算，便送蒯聩回国，这不能说不符合道义。晋国的公子重耳，后来成就了霸业的晋文公，不就是被秦国送回去的吗？正好在鲁国作过乱的阳货也在晋国，赵简子便让阳货陪着蒯聩，在六月十七日那天渡过黄河，朝着帝丘北边的戚邑奔去。到了夜晚，他们迷了路。老奸巨猾的阳货说："都说戚邑距河不远，沿着河往南走，一定就能找到那里。"他让蒯聩把帽子脱了，八个人穿着丧服，假装是从卫国来迎接蒯聩回国的样子，一路往南到了戚邑。到了城门口，蒯聩号啕大哭，陪同的人大嚷："我们接太子回国奔丧，还不快快开门！"骗开城门后，他们就在戚邑住下来了。

第二天，他们又想如法炮制回到帝丘，可等待他们的是严阵以待的卫国军队，蒯聩只好又回到戚邑住下了。

先是灵公为了南子和儿子不和，现在又是蒯聩和儿子兵戎相见。已经花甲之年的孔子如何看得下去呢？

当时，孔子的学生们看法也不尽一致。有的主张既然我们住在卫国，自然要帮助国君卫出公；有的认为出于孝道，卫出公应该让位给父亲。

孔子的两个学生冉求和子贡也免不了讨论这事儿，自然，他们很关心孔子的态度。冉求问子贡："老师赞成卫国君主的做法吗？"子贡说："我不太清楚，我去问问吧！"子贡进到孔子房子里，问道："伯夷、叔齐是怎样的人？"孔子说："是古代的贤人。"子贡说："他俩互相推让，都不肯当国君而逃往国外，两人后悔埋怨了吗？"孔子说："他们追求的是仁德，最终得到了仁德，又后悔埋怨什么呢？"子贡出来后告诉冉求说："老师不赞成卫君。"（《论语·述而》）

子贡的意思是，既然老师赞美互让国君位置而双双出走的伯夷、叔齐兄弟俩，怎么会赞成父子相残的卫君呢？

死去的卫灵公虽然给了孔子优厚的待遇，但终归是没有重用他。现在卫国又发生了剧烈的内部斗争，这内部斗争还牵涉国外势力——晋国当权的赵简子支持蒯聩，卫出公支持正和赵简子斗得死去活来的晋国的范氏、中行氏，齐国则支持卫出公。八月七日，赵简子和支持范氏、中行氏的郑国在戚邑打了一仗，赵简子先败后胜。作战时，蒯聩和赵简子同乘一辆车。蒯聩先是想下车逃跑，被驾车人邮无恤骂没有骨气；后来又救下了赵简子，两人共患难，有了一定的交情。看来，卫国的祸患才开了个头呢，哪一天才能完呢？孔子曾说："不进入危险的国家，不居住在祸乱的国家。"（《论语·泰伯》）这时孔子下定决心：离开卫国的时候到了。

鲁哀公二年，也就是公元前493年、卫灵公四十二年，秋天，已到耳顺之年的孔子离开他住了三年多的卫国，朝着东南，取道曹国，往陈国奔去。

在出帝丘城门的时候，孔子和他的一部分弟子走散了。因为孔子坐车，而有些弟子是步行。

5. 宋国的风波

子贡那时才二十几岁，没有后来那么成熟稳重，正为找不到孔子而发愁呢，因此逢人便问。这时有个人告诉他说："我看见东门那边有个人，长得很体面，额头像尧，脖子像皋陶，肩膀像子产，个头非常高大，腰以下像巨人大禹，不过稍微矮了三寸。他失魂落魄的样子，就像条没了家的狗呢！"

子贡找了过去，果然见到了孔子，就把这段经过说了。孔子笑着说："说我像这像那的，倒不一定准确，但说我像条没了家的狗，还确实是那么回事儿！"（《史记·孔子世家》）

他们先是到了曹国的都城陶丘（在今山东菏泽定陶区），停留了几天，再往南到了宋国。孔子的祖先是宋国人，他的夫人亓官氏也是宋国人，孔子早年还来宋国考察过殷商的礼仪。一晃几十年过去了，故地重游，他倍感亲切。本来，孔子是想在宋国停留一段时间的，可是宋国君臣对久负盛名的孔子冷淡极了，孔子感到很失望。孔子又听说在宋国担任司马、军权在握的桓魋为了死后不朽，竟然让众多工匠为他凿一个巨型石头棺材，三年都还没有完成，宋国不少人都抱怨桓魋太不像话了。孔子听说之后，忍不住谴责说："竟然耗费这样巨大的民力！与其这样，还不如死了马上就腐朽呢！"这话大约就传到桓魋那里去了。

孔子到宋国的时候，宋景公其实是很想优待孔子一行的。孔子是宋国王室后裔，和宋景公是一家。宋景公还知道孔子名气很大、声望很高，有几十位文武兼备的弟子，如果把他们留下来帮助宋国，岂不很好？于是，当孔子到来的时候，宋景公准备出城迎接孔子。可是，宋景公的宠臣桓魋却生怕孔子师徒得到重用会影响自己的权势，于是对宋景公说："鲁国是孔丘的父母之邦，他在鲁国已经做到大司寇了，还兼任宰相的事务，官已经做到顶了，就这样还要辞官出走，足以见得他的野心不小。他在卫国待了三年，卫灵公虽然对他很尊敬，却没有重用他。由此可见，卫国也把他看透了。咱们宋国比起鲁国、卫国来都要弱小，孔丘一大帮子人不请自来，不是黄鼠狼给鸡拜年——不安好心吗？"这一套说辞宋景公并不相信，他说："都说孔子是圣人，最恨犯上作乱，怎么可能做这种事？当今宋国风雨飘摇，缺乏人才，有这么一大帮子文武全才之人，宋国还怕不能安内攘外吗？"应该说，宋景公的分析是十分到位的，只是他与之商量的桓魋实在算不得君子！

可是，宋景公为什么偏偏要和这么个人商量，还让他担任司马的要职呢？原来，这桓魋和宋景公的关系可非同一般。一个例子就足以说明了。

七八年前，宋景公的一个兄弟公子地有四匹好马，让桓魋给惦记上了，桓魋就让宋景公帮他弄来。宋景公竟然不征得公子地同意，就让人到马厩把那四匹马牵来，打扮得漂漂亮亮的，送给了桓魋。公子地知道后气坏了，就派手下去把桓魋打了一顿。这下桓魋害怕了，就想逃到外国去。宋景公舍不得，关起门来哭，眼睛都哭肿了。宋景公同父同母的弟弟公子辰对公子地说："你平时对国君没有失过礼，这次打了桓魋，也是事出有因。你就假装逃出国，国君必然挽留你。"公子地大张旗鼓地收拾了好几天，也不见宋景公挽留，只好真的出国流亡了。公子地收拾行李时，公子辰又去劝宋景公，让宋景公挽留公子地，宋景公不答应。公子辰只好说："是我让哥哥出国的。哥哥走了，我也不可能留下来。若是这样，您还有谁可依靠呢？"宋景公也不挽留。这年冬天，公子辰也带着弟弟公子仲佗、公子石䁐逃到陈国去了。

在宋景公看来，亲兄弟也不如桓魋亲。但桓魋的能力实在有限，而有能力的兄弟都走了。孔子的到来，让宋景公看到了希望。但他又不愿得罪桓魋，就犹豫了几天，始终没下定决心去看望孔子一行。

但这事儿没有瞒过桓魋，于是他派来一大帮子人，气势汹汹地来到孔子这里。

这时，孔子正在陶丘城外一棵大树下和弟子们演习礼仪呢，桓魋的人上来不由分说就去砍树。见到这情景，孔子知道不能再在宋国待下去了，就收拾行李准备上路了。但孔子并没有火急火燎地走，有学生担心桓魋等追上来，催促说："快走吧！"孔子却不紧不慢地说："天降大任在我身上，桓魋他能把我怎么样？"（《论语·述而》）

宋景公得知孔子一行走了以后，非常不高兴。桓魋总以为宋景公宠着他，不知收敛，久而久之，终于惹恼了宋景公。就在孔子去世前两年的时候，宋景公和桓魋决裂，让人攻打他。

宋人伐木

桓魋失败，逃到曹国，后被曹国百姓驱离，又逃到了卫国。

桓魋如果不是嫉贤妒能，要和孔子结交也是有充足条件的，因为他的弟弟司马牛，就是孔子的得意门生，位列七十二贤之一。

6. 司马牛兄弟

在离开宋国的路上，最难过的不是孔子，而是桓魋的弟弟司马牛。司马牛知道老师和宋国的渊源，也知道老师和同学都想在宋国休息一段时间，可是这些愿望全因为自己的哥哥桓魋的捣乱而成为泡影。

司马牛话比较多，也经常沉不住气。有天，他问孔子怎样实践仁德。孔子说："仁人，他的言语迟钝。"司马牛说："言语迟钝，这就叫作仁了吗？"孔子说："实行不易，说话能不迟钝吗？"（《论语·颜渊》）

又有一次，他问孔子怎样才能成为君子。孔子回答说："君子不忧愁，不恐惧。"司马牛说："不忧愁，不恐惧，这样就可以成为君子了吗？"孔子说："问心无愧，哪有什么好忧愁、恐惧的呢？"（同上）

孔子总是因材施教，注重启发式教育。他常根据每个弟子的优点、缺点和性格，进行既有针对性又及时的教育。就拿孔子回答司马牛的两段话来说吧，前面那段话是针对他的话比较多而说的，后面那段话是针对他沉不住气而说的。

在孔子的学生中，司马牛和子夏（姓卜，名商，字子夏）的关系最好，有什么苦恼的事也愿意向子夏倾诉。这天，他一边走着，一边皱着眉头，松都没松一下。过了一会儿，他长叹了一声："别人都有兄弟，就我没有！"

司马牛果真没有兄弟吗？他不但有兄弟，而且还很多呢！除了二哥桓魋（向魋），还有大哥向巢，两个弟弟子顺、子车，兄弟至少五人呢！

另外，司马牛似乎是姓司马；大哥叫向巢，似乎姓向；二哥桓魋又叫向魋，似乎姓桓又姓向了。怎么一家子有三个姓呢？

前文说过，在春秋战国时期"姓"和"氏"可是分开的，"姓"比"氏"大。先有"姓"，姓之下再分出若干个"氏"。

具体到司马牛这一家子。宋国本是殷商后裔，是"子"姓。他们一家是宋桓公的后代，所以用"桓"作"氏"，人们常叫他们家老二为"桓魋"。他们是宋桓公儿子子胖的后代，子胖字"向父"，所以他们又用"向"来作"氏"，老大因此叫"向巢"，老二有时又叫"向魋"。因为桓魋当上了宋国的司马，人们称呼他们一家又冠以"司马"，久而久之也成了"氏"。到了汉朝，姓、氏合到了一块，桓、向、司马都成了"姓氏"，简称"姓"。司马耕，字子牛，其中的"子"是个可有可无的衬字，所以人们又叫他司马牛。他两个弟弟的子顺、子车也是"字"，而不是"名"。可别小看"司马耕，字子牛"这事儿，现代的农业史专家根据这一点推测，在春秋末期，牛已经被用来耕田了——因为一个人的"名"和"字"必须是有联系的。

既然司马牛至少有哥哥弟弟四位，为什么司马牛说他自己没有兄弟呢？因为司马牛认为不论是哥哥向魋，还是弟弟子颀、子车，都是一伙的，都让他失望透顶。这些事情史书上都是有记载的。

闲言少叙，书归正传。话说子夏听了好友司马牛"没有兄弟"的抱怨，连忙劝解安慰了他一番。恰好是他这一番劝解安慰，诞生了中国历史上影响最大的两句话——这两句话，以前的时代，可是连不识字的人都会说的。

子夏劝道："我可听说过，'死生有命，富贵在天'。君子只管严肃认真，没有过失，对他人谦恭有礼，'四海之内皆兄弟也'——君子哪里用得着担心没有兄弟呢？"（《论语·颜渊》）

这段话里的"死生有命，富贵在天"，以前可是不管是抠脚大汉还是文雅书生，不管是大姑娘还是小媳妇，都经常挂在口头的常用语。至于"四海之内皆兄弟也"也成为经典用语，以前《水浒传》有个英语译本，就叫作《四海之内皆兄弟》（*All Men are Brothers*）。

说来说去，还是因为《论语》影响大，不是吗？

子夏的一番话，打动了司马牛，周围这些和自己一起共患难的同学，哪个不如同亲兄弟呢？

怎么解释司马牛所说的"就我没有兄弟"呢？原来，那个时代，"兄弟""母子"这样的词，意义和现在稍微有些不同。以"兄弟"为例，它不但指几个人共有一位爸爸，还必须和睦相处，否则不叫"兄弟"。"母子"也类似。大家还记得《郑伯克段于鄢》的故事吧！颍考叔要把郑庄公给他吃的肉带给母亲吃，引出郑庄公的一段话："你有母亲可送，唉！我却偏偏没有！"——母子失和，等于没有母亲。后来和好了，"遂为母子如初"（于是作为母子像以前一样）。司马牛所说"人皆有兄弟，我独亡（无）"，也是这样。

司马牛在孔子门下耳濡目染，终于学有所成。后来的事实证明，司马牛是经受住了考验的。哀公十四年（公元前481年）宋景公和桓魋决裂。这时候司马牛把封邑和象征他身份的玉珪通通上交，逃到齐国去了。桓魋在宋国失败，先逃到曹国，又逃到卫国，在卫国被公文氏攻打，也逃到齐国。这时齐国当权的田恒正紧锣密鼓地加紧篡位的进程（就在这一年他把齐简公杀了），需要能干的帮手，桓魋的到来正是时候，田恒马上封他为"次卿"。这地位可不低！司马牛知道了，马上又把齐国授予他的封邑上交，逃到吴国去了。到了吴国，因不受欢迎，他又逃回宋国。反正是桓魋在哪，他就离开那儿，与他不共戴天。司马牛的所作所为，使得赵简子、田恒这两位晋国、齐国的掌权人都十分敬佩，纷纷希望他能到自己的国家。后来，司马牛前往晋国，路经鲁国国都，病死在了城门之外。

七 周游列国——南行

1. 在陈国

鲁哀公三年（公元前492年），六十一岁的孔子到了陈国都城宛丘。当时陈国的国君是陈愍公，这一年是陈愍公十年。

早在公元前496年年底，孔子就想到陈国来，结果在匡和蒲都遇到挫折，只好回到卫国。现在他终于来到这个向往已久的国家。

对于孔子的到来，陈愍公是十分高兴的，马上就召见孔子，待如上宾。陈国大臣司城贞子也把家里的客房收拾出来，请孔子去住。很快，陈愍公也命人把国宾馆修葺一新，打算请孔子搬进去住。孔子暂时住进了司城贞子家。陈愍公还让孔子担任了大臣。孟子曾说："观察身边的臣子，看他所招待的客人；观察外来的臣子，看他寄居在什么人家里。"（《孟子·万章上》）可见，司城贞子是个不错的人。

孔子一行总算是安定下来了，可是当时的华夏大地兵连祸结、民不聊生。孔子到陈国的前两年，吴王夫差重用伍子胥，在会稽山大败越国，越王勾践投降。孔子到陈国时，正是越王勾践卧薪尝胆的时候。前一年，楚国攻打蔡国，蔡国向吴国求救。吴国却觉得蔡国太远，不太方便救，希望蔡国迁得离吴国近些。蔡昭侯不和大臣商议就私自答应了。于是吴国出兵救蔡国，并把蔡国由新蔡（在今河南新蔡县）一带往东迁到州来（在今安徽凤台县）一带。就在孔子到达陈国的那年，晋国的赵鞅讨伐荀寅，率军攻打朝歌。孔子到达陈国一年多以后，吴王夫差攻打陈国，打下三个小城才离开。

这时小小的陈国夹在东方新兴大国吴国和南方传统大国楚国中间受着夹板气，吴国尤其趾高气扬不可一世，前些年楚国都被它打得大败。若不是楚国大夫申包胥在秦庭痛哭了七天七夜，感动了秦哀公出兵救楚，楚国还不知道怎么样呢！

陈愍公虽然平庸，对孔子却是十分尊敬的。一天，他设宴招待孔子。宴会结束之后，他又陪着孔子四处游逛。路人在议论，说是鲁国一个宫殿着火了，火烧到祖庙上去了，把两座祖庙给烧毁了。陈愍公身边的人听了，就告诉了孔子。孔子说："想必是桓公、僖公的祖庙吧！"过了三天，有鲁国的使者到来，大家才知道大火首先从西边的宫殿烧起，越过鲁哀公的宫室，把鲁桓公、鲁僖公的祖庙烧毁了。陈愍公问孔子："你是怎么知道的呀？"孔子回答说："按照礼制，诸侯的祖庙只能保存到五代，除非那一代君主对于国家有大的功德。现在，桓公、僖公已经过了五代，他俩的功德又不足以保存祖庙，所以老天看不过眼，把他们的祖庙给烧了。"其实，正是因为桓公、僖公的祖庙过了五代，年久失修，才失火的。对此，孔子心里跟明镜似的，但他只能那样说呀！

陈愍公充满敬佩地对子贡说："我到如今才晓得圣人是如何可贵的了！"子贡回答说："您能明白这一点，现在还不算晚。既然您知道圣人可贵，不如选定他的治国之道照着做，那陈国一定会从此欣欣向荣的。"可是陈愍公却没有这么大的志向。

其实，鲁国之所以还保存着桓公、僖公的祖庙，是因为季孙氏掌权的缘故。桓公是季孙氏的直系祖先，僖公最开始给了季孙氏封地，季孙氏认为他们于自己家有大功德，所以才保留了他俩的祖庙。

鲁国的使者还说，本来火灾造成的损失还要大得多，幸亏有孔子的学生南宫敬叔，以及对孔子很友好的大夫子服景伯在指挥灭火，火势才没有进一步蔓延。

陈愍公把孔子看作可以求教的学问广博的人，他求教时是很虚心的。有一天，有一群老鹰落在陈愍公的庭院里，其中一只没有飞走，死了，它身上插着一支楛木做的箭。箭头是石头做的，箭长一尺八寸。陈愍公便打发人去向孔子请教这支箭的来历。孔子说："这老鹰是从很远的地方飞来的。它身上的箭是肃慎国（在今吉林省）的。从前周武王在打败殷商平定天下以后，便开辟通往周边各国的道路，希望各国拿自己的特产来互通有无。肃慎国就贡献了这种楛木石镞箭，箭长刚好一尺八寸。周武王想表彰这种美好的德行，就在箭的末端刻上'肃慎氏进贡的楛木箭'等字，把这种箭赐给长女大姬，又将大姬许配给舜的后裔胡公，并将其封在陈国。周天子把珍宝玉器分给同姓的诸侯，是为了让他们亲近周天子；把远方的贡物分给不同姓的诸侯，是为了让他们时刻不忘服从周王室。分给大姬和陈国肃慎氏进贡的楛木箭就是根据这个原则。您如果到旧府库去查查，说不定可以找到这件贡物。"陈愍公马上派人去找，果然在一个铜柜子里找到了它。这件事再次把陈愍公震撼到了：自己是陈国的君主，对自己祖先的历史竟然不如远道而来的鲁国长者知道得清楚，自己的府库里有哪些收藏也要靠这位长者的指点才有所了解。他既感到惭愧，又对孔子增加了更深一层的敬佩。

这年秋天，季桓子病得很重，他坐在车中看着鲁国国都的城墙，长叹一声道："从前这个国家差不多就要兴旺发达起来了，因为我对不起孔子，才没有兴旺起来。"他转过头来，望了望他的儿子同时也是继承人的季康子说："我快死了，今后你一定会辅佐鲁君的。你如果辅佐鲁君，一定要把孔子请回来。"

就在几天之后，季桓子死了。季康子，即季孙肥，继承了他的职位。季康子安葬了父亲之后，紧接着要把孔子请回来。可是季康子身边的一个名叫公之鱼的小人，却开始进谗言了。他说："定公还在的时候，用过孔子，因为不能有始有终，被各国诸侯笑话。现在要是再用孔子，如果最后也没做到有始有终，不是又要被诸侯笑话一回吗？"季康子本来就担心孔子会和自己唱反调，一听这话更拿不定主意了。但父亲的临终嘱托总不至于弃置不顾吧，他便说："我父亲临终时郑重嘱咐过我要请回孔子，我也郑重允诺了。我若完全不执行，心里总是有

楛矢贯隼

亏欠，神灵也不会放过我。我总是要对孔子有所交代的。你说，该如何办呢？"公之鱼一看就顺水推舟地说："那就把冉求请回来吧！他可是个大能人！这样也就说得过去了。"季康子这才赶紧派出使者去请冉求。

2. 冉求之艺

是的，冉求确实是个大能人。这一点，在孔子的学生中是公认的，孔子对这一点也是十分肯定的。咱们前头说过，在孔子五十二岁那年，冉求才二十几岁，他和子路、曾皙、公西华一道陪孔子坐着，孔子问大伙儿的志向，让大家不必拘束，有话敞开了说。冉求就说了："一个方圆六七十里或五六十里的小国，我去治理，只要三年光景，可使人人富足。至于怎样做才合于礼乐，只好等待贤人君子了。"孔子当时不置可否，事后曾皙问起，孔子回答："难道冉求所描绘的就不是国家吗？他怎么治理不好呢？"（《论语·先进》）

一次，子路问怎样才能成为一个完美无缺的人，孔子回答说："像臧武仲那样睿智，像孟公绰那样淡泊，像卞庄子那样勇敢，像冉求那样多才多艺，再用礼乐来提高修养，也可以说是完美无缺的人了。"（《论语·宪问》）几年后，孔子从卫国回到鲁国，季康子想向孔子咨询一下他的弟子们谁可以担当治国理政的重任，他问了子路、子贡和冉求，孔子全都给了肯

定的回答。孔子说："冉求多才多艺，让他从政一点困难也没有。"（《论语·雍也》）

孟懿子的儿子仲孙彘——就是《论语》里有记载的孟武伯——后来也曾问孔子："冉求如何？"孔子说："求呢，千户人口的城邑，百辆兵车的采邑，让他当县长或总管，一点问题都没有。"（《论语·公冶长》）

冉求办事能力强，这是他的优点，但相对于颜渊、子路这些同学来说，他在践行孔子的仁义学说上，就不够积极。这一点，下文会说。同时，他的性格也有些老成持重。对此，孔子总是在赞成他稳重的同时，鼓励他大胆去做。比如，在离开鲁国到卫国的路上，孔子对冉求讲了要让人民富裕并且教育他们的道理。（《论语·子路》）

一次，子路询问听到一件应该干的事，是否马上就干起来，孔子说："父亲和兄长还健在，怎么能听到就干起来？"当冉求询问是否听到就干起来时，孔子说："听到就干起来。"恰好孔子的这两次回答都被公西华听到了，他就问孔子说："子路问：'听到就干起来吗？'您说：'父兄还健在，不能这样做。'冉求问：'听到就干起来吗？'您说：'听到就干起来。'我感到有些困惑，斗胆问问缘由。"孔子说："冉求平日谦虚退让，所以我鼓励他向前；仲由的干劲却有两个人的大，力求胜过别人，所以我要拖拖他后腿。"（《论语·先进》）还有一回，冉求对孔子说："不是不喜欢您的学说，是我的能力实在不足啊。"孔子回答说："如果是能力不足的人，会半途而废，现在你却还没开始就裹足不前。"

（《论语·雍也》）冉求的这种性格，使得他办事力求各方满意，有时却没掌握好分寸。比如前面提到过，公西华出使齐国，冉求替公西华母亲向孔子请求补助一些小米。孔子说："给他六斗四升。"冉求请求增加一些。孔子说："再给二斗四升。"冉求却给了八十斛。孔子事后知道了，评论这件事说："公西华到齐国去，坐着高头大马拉的车，穿着轻便暖和的皮袍。我听说，君子应该雪中送炭，而不应该锦上添花。"

孔子和学生打成一片，就像家人一样，有时候说话就没了轻重。有一种孔子曾和冉求绝交的说法，虽然不确实，但也不是空穴来风。

冉求因为能干，被季氏任命为封邑的主管。季氏比周公还富有，冉求作为主管免不了要为他出谋划策，使他拥有更多的财富。孔子听说后生气地说："冉求不再是我的弟子了，你们大可以堂堂正正地攻击他。"（《论语·先进》）

但是孔子毕竟只是说的气话，并没有和冉求一刀两断不再往来。在唐代，冉求被列入孔门"十哲"之一，宋代又有加封。而《论语·宪问》中出现过的孔子的一位不肖弟子公伯寮，虽然在唐代、宋代也有加封，但在明代却把这些加封全都给免了。咱们后面还要说冉求为孔子作了大贡献呢！

3. 楚昭王死了

　　季康子派来请冉求的人到了以后，冉求收拾行装，准备上路。孔子对弟子们说："看来鲁国请回冉求，不是要小用他，一定会大用他。"这天晚上，孔子兴奋得难以入眠，第二天又对学生们说："都回去吧！都回去吧！我们这儿的学生，在别人看来，既狂放又耿直，还文采斐然，我都不知道再用什么去指导他们了。"（《论语·公冶长》）在孔子看来，学生们经过一番磨炼，都已经能够独当一面了。

　　子贡知道孔子急于回到鲁国的心思，在送别冉求的时候，嘱咐他说："你回去要是受到了重用，可别忘了对季康子进言，把咱们老师给请回去！"冉求使劲点了点头。

　　这些年真可谓是兵连祸结，尤其是夹在楚国、吴国中间的陈国，更是深受其害。吴、楚总是交兵，经常打着打着就打到陈国的土地上了。陈国的百姓纷纷逃难，孔子师徒也开始商议，是否离开，离开又去哪里。

　　一晃到了鲁哀公六年、陈愍公十三年（公元前489年）。这年春天，吴国为了报旧仇而攻打陈国。楚昭王说："我国早先的君主和陈国有盟约，按照盟约的规定，我国不能不去救援。"于是楚国征集军队出发，暂时驻扎在城父（在今安徽亳州市东南）。

到了七月，楚昭王还驻扎在城父，开战之前，先要占卜吉凶，可是这次占卜的结果不利。那时节人们很相信占卜，于是楚王说："那就只有死了。第二次让楚军失败，不如一死（上一次是公元前506年，孙武率领吴军大败楚军，攻入楚国郢都，楚昭王逃往随国）。背弃盟友，躲避敌人，不如一死。反正是一死，不如死在敌人手里。"楚昭王于是厉兵秣马，准备一战。就在开战前夕，楚昭王感到不舒服。十六日那天，昭王率军攻进大冥时，已经极度不舒服，于是返回城父。到了这年初秋，楚昭王就死了。

这一年早些时候，有云彩像一群红色的鸟一样，围绕太阳飞翔了三天。楚昭王于是派人询问周太史，太史说："这兆头恐怕要落在君王的身上吧！如果举行消除灾祸的祭祀，可以把灾祸转移到令尹、司马等官员身上。"楚昭王说："把胸部、腹部的疾病转移到大腿、胳膊上，有什么好处？我没有犯过大错，上天能让我短命吗？我若是有罪应当受到处罚，又能转移到哪里去呢？"楚昭王干脆就不去举行消除灾祸的祭祀。

昭王开始得病的时候，占卜的人说："黄河河神在作祟。"按理，楚王要祭祀黄河，以求河神保佑，但楚王拒绝祭祀。大臣们请求在郊外祭祀，楚王却说："夏商周时代规定的祭祀规范，范围不超过本国山川。长江、汉水、睢水、漳水，是楚国大的河流。祸福的到来，不会超过这些流域。我就算没有德行，也不会得罪黄河河神。"楚王说什么也不去祭祀。

孔子听说这件事后说："楚昭王是明白事理的！他能这样做，是不会丢掉国家的。《夏书》说得好：'只有那君王陶唐，遵循着天道纲常，领有中土这地方。夏桀走到邪路上，扰乱了治国大纲，于是就被灭而亡。'接着又说：'信由己出，那么祸福也在自己。'一个人只要尊崇天道，也就行了！"

孔子为什么赞赏楚昭王这一点呢？看了《论语》就不难理解了。《论语·述而》记载，孔子从不主动谈论怪异、勇力、叛乱和鬼神。一次，子路问如何伺候鬼神。孔子说："大活人还伺候不过来，怎能去伺候神仙鬼怪？"子路又问："我冒昧地问一下，死亡是怎么回事儿？"孔子说："人为什么活着的道理还弄不明白，哪里知道死了是怎么回事儿？"（《论语·先进》）当樊迟问怎样才算明智时，孔子说："管理民众的要义，是既要敬畏鬼神，又要不接近他们，离他们远远的，这才可以说是明智的。"（《论语·雍也》）

4. 松树的品格

本来，楚军驻扎在城父，对吴军有着震慑作用，陈国也就逐渐安定下来。楚昭王一死，楚军就退回去给昭王办理丧事了，吴军趁机杀了回来，逐渐逼近宛丘。宛丘城里乱成了一锅粥，孔子师徒只好离开了这里。

往哪里去呢？在这战乱的时期，只有往南朝楚国方向走，或许能走到一片宁静之地。而且楚昭王活着的时候，曾经希望孔子一行能去楚国。孔子在陈国时，也隐约听到一些昭王希望自己一行前往楚国的信息。战乱时期消息闭塞，孔子并不知道昭王这时已经死了，就想着这时到楚国去，应该还是会受欢迎的。

陈国东南挨着楚国，但不是楚国中心地带；陈国的西南原有个蔡国，因为和吴国亲近，这时已经迁到州来去了；蔡国剩下的百姓被楚国迁到了负函（在今河南信阳）。楚国负责这事儿的，是一位叫沈诸梁的官员。这事儿发生在鲁哀公四年（公元前491年），也就是孔子一行离开陈国前两年。沈诸梁在负函一带镇守了若干年，直到楚平王的孙子白公胜作乱，他为平定叛乱，才又重回叶城。

负函曾是蔡国的土地，此时却归楚国统治。沈诸梁把负函治理得井井有条，他的好名声也曾传到了陈国，孔子一行也就想着先到负函，然后再到楚国都城去。

南下途中经过的正是吴楚交战的地方，这里的人民都逃走了，举目望去，不见人烟。正当走到蔡国故都上蔡（在今河南上蔡县）一带的时候，孔子被一伙人围住纠缠，几天不能行动，粮食快要吃光了。许多弟子饿得站不住了，只能坐在地上，有些人甚至已经病了。时值盛夏，又潮又热——春秋末期的河南南部一带非常闷热潮湿，于是孔子派出子路、子贡等能干的学生外出求救。

四五天过去了，他们吃的都是野菜，见不到一粒米，许多人都有气无力地躺在地上。子路出去奔波了一天，收集到的粮食不够每人喝碗稀粥，他那爱发牢骚的毛病又犯了，便冲着孔子说："我可是听说过，行善的人，老天用幸福报答他；做坏事的人，老天用灾祸报复他。如今老师怀抱美好的理想而积德行义已经很久了，怎么事到如今，弄得这样狼狈呢？"

孔子回答说："有些道理仲由你还没有明白，我来告诉你吧。你认为有仁义的人一定会被信任吗？没看到伯夷、叔齐饿死在首阳山上吗！你认为有才智之士一定会被任用吗？没看见王子比干被剖腹挖心了吗！你认为做事尽心竭力的人一定会被任用吗？关龙逢不是被杀了吗！你认为好心劝告的人一定会被任用吗？伍子胥不是在姑苏城东门外被砍成一块一块的了吗！能不能得到君上的知遇，要看能否有机会；有没有本事，要看各人的资质；君子学识渊博、深谋远虑而时运不济的，可多着呢！从这一点来看，在这个世上不被赏识的人多了去了！哪里只有我孔丘一个人呢？再说呢，白芷、兰草长在老林子里，没有人去欣赏它们，难道它们就不吐露芬芳了？君子学习仁道，并不是为了飞黄腾达，而是为了在窘迫的时候不至于被困住，在忧患的时候能够意志坚定，明白一生中必定祸福相随而心中始终不致迷惑。有没有本事，固然要看各人的资质，但遇事做与不做，却取决于我们每一个人。能否得到君上的知遇，固然要看能否得到机会，但是死还是生，却取决于命运。现如今某人有雄才大略却得不到机会，就算他了不起，又能大展宏图吗？如果时机到了，实现他的抱负，又有什么困难呢？所以呀，有所作为的君子要不断学习各种知识本领，深谋远虑，修养身心，端正品行，凭着这些来等待时机。"

孔子说的这些，晚一百年的孟子也说得很清楚："凭着老百姓的身份最后成为天子，要有两个条件，一是他的德行必然要像舜和禹那样，二是要有天子推荐他，所以孔子才没有做成天子。世袭当上天子，最后却被天所废弃的，肯定像夏桀、商纣那样暴虐无道，所以益、伊尹、周公才没有做成天子。"（《孟子·万章上》）孟子的意思很清楚，孔子的德行早已能和舜、禹相比，他无疑是圣人。如果孔子出生在尧舜禹的时代，必定会被推举为天子。

孔子歇了一口气，看了看子路，见他似有所思，又接着说："仲由，你坐下，我来告诉你。从前晋公子重耳有了统领诸侯向周天子效忠的心思，是在颠沛流离途中的曹国；越王勾践有了统领诸侯向周天子效忠的心思，是在被吴军围困的会稽；齐桓公小白有了统领诸侯向周天子效忠的心思，是在奔忙逃命途中的莒国。所以呀，如果不是被逼得陷入窘境，人想得都不长远；如果自己不奔波逃逸，人的想法就不宏大。你怎么知道我这桑树下的枯叶就不能生机勃勃、绿意盎然呢？"

子路的怨气似乎还没有完全消除，问道："君子非得要经历一筹莫展的时候吗？"孔子回答说："君子固然有一筹莫展的时候，只是小人一到这时候，就什么事情都干得出了。"（《论语·卫灵公》）

孔子这句话很平淡，但《论语·子罕》中却有句话被千百年来的人们当作名言警句："岁寒，然后知松柏之后凋也！"——天寒地冻，才知道松针、柏叶是最后凋落的。当苏武牧羊北海边的时候，这个真理得到了证明；当文天祥写下"时穷节乃现，一一垂丹青"的时候，这个真理得到了证明。

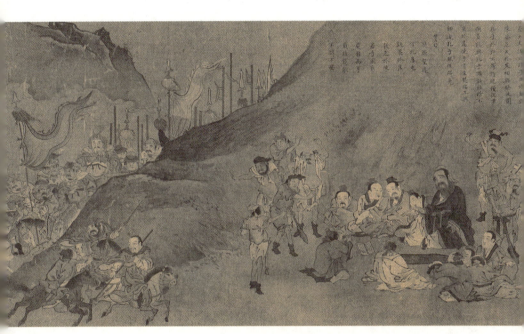

在陈绝粮

孟子也说："人们变得有道德、智慧、本领、知识，总是在他久遭摧残折磨的时候。孤立之臣、庶孽之子，时常警醒自己，深深地担忧祸患，所以才能虑事周详，事事通达。"（《孟子·尽心上》）在另一处，孟子说得更透彻："大舜在田野之中发达起来，傅说在夯土筑墙时被提拔，胶鬲在打鱼晒盐时被提拔，管夷吾在坐牢时被提拔，孙叔敖在海边被提拔，百里奚在市场被提拔。所以，当上天将要把宏大任务降临到某人肩上时，必定要让他的内心痛苦，让他的筋骨疲乏，让他忍受饥饿，让他身无长物、一贫如洗，总是干扰他的作为使他事事不如意。用这些来磨砺他的心性，坚韧他的意志，增强他的能力。一个人常犯错误，然后才能改正；心中困苦，思虑阻塞，然后才能崛起。这些困苦思虑反映在面色上，吐露于倾诉中，才能为他人所理解。一个国家，内如果没有坚持法度的大臣和敢于面折廷争之士，外如果没有能与之抗衡的邻国和忧患，常常容易衰败灭亡。所有这些不难让人知晓，忧愁祸患能够让人生存，而安逸快乐足以导致死亡啊！"（《孟子·尽心上》）

司马迁《报任安书》的一段话更是被人们广为传颂："自古以来既富且贵而名字不传于世的人，不可胜数；只有那些卓尔不凡的人才能传之不朽。周文王当年被纣王拘禁而写下《周易》；孔子一生穷愁不得志而述作《春秋》；屈原被流放到湘沅之间，才写出了《离骚》；左丘明双目失明，才创作了《国语》；孙膑遭受膑脚酷刑，才发奋写出《兵法》；吕不韦被贬往蜀中，后世才流传《吕氏春秋》；韩非被秦国囚禁，《说难》《孤愤》才横空出世；《诗经》三百篇，大都是古圣先贤抒发愤懑而迸发出的。这些都是有志之士不得舒展才华而郁结于胸，才追述过往的事迹，给后来者指引道路的。"

是的，置之死地，才最能看出一个人的品德和节操！

5. 对同一问题，子路、子贡、颜渊的回答

孔子敏感地意识到，现在面临的问题，固然是粮食断绝、身体不支，但许多弟子因此精神上可能出现的一蹶不振，才是最大的问题。他思索了一会，便把子路叫来，说道："古时候的一首诗歌上说：'不是老虎，不是犀牛，出没原野，什么缘由？'那我们的主张是否从根源上就是错的？要不然，我们怎么会狼狈到这般田地呢？"

子路回答道："是不是因为我们的仁德不够，人们才不相信我们呢？是不是因为我们的智慧不够，人们才不贯彻我们的主张呢？"

孔子说："是这样子的吗？仲由啊，假如人们必定相信有仁德的人，为什么伯夷、叔齐会饿死在首阳山呢？假如智者的主张一定能贯彻始终，为什么殷商王子比干的心会被人家挖出来呢？"

子路想了一下，退出去了。轮到子贡进来见孔子。孔子又问道："古时候的一首诗歌上说：'不是老虎，不是犀牛，出

没原野，什么缘由？'那是否我们的主张从根源上就是错的？要不然，我们怎么会弄到这般田地呢？"

子贡想了一下，说："老师的主张太理想化了，目标定得太高了，以天下之大，也实现不了这样的主张。所以，老师是不是可以把目标降低一点儿，让人们跳起来能够够得着？"

孔子说："赐啊，好农民能做到好好种地，但天公不作美，不一定就有好收成；好工匠能造出很精巧的东西，但是不一定就能卖出去；君子尽管有美好的主张，而且表达得一清二楚，不一定就会被别人接受。你现在不想着怎样提高自己的德行，却总想着别人接受不接受，赐啊，你的想法实在太不长远了！"

子贡也想了一下，退出去了。这次轮到颜渊进来见孔子。孔子还是问了同样的问题。

颜渊想了一下，说："老师的主张崇高伟大，以天下之大，目前也暂时实现不了它。但暂时实现不了有什么关系？暂时实现不了，才显现出秉持这一主张的君子是多么的崇高。主张实现不了，是我们实行贯彻这些主张的人的耻辱。这一主张既然崇高伟大，而各国君主和执政者不采用，是各国君主和执政者的耻辱。暂时实现不了有什么关系？暂时实现不了，才显现出秉持这一主张的君子是多么的崇高。"

孔子听了，高兴地笑道："是这样的吗？你这颜家小子！如果你发达了，我到你家做管家！"

经过这一番对话，学生们的信念坚定了一些。但光这样也不行呀，孔子于是派出学生中最善于外交的子贡等几人先行南下，到达负函，找到了负函长官沈诸梁。沈诸梁对孔子仰慕已久，立即派来军队，武装保护孔子一行到达了负函。

6. "好龙"的叶公

终于到达了负函，这时孔子已经六十四岁了。前文说过，负函现在归楚国管，也就是说，孔子一行已经到达了楚国地界。这时，楚国的大将沈诸梁已经在这儿镇守两年了，他也是这地方的最高行政长官。

说起沈诸梁，知道的人不多，但说起"叶公好龙"，似乎谁都不好意思说不知道。沈诸梁就是叶公。他是楚国左司马沈尹戍的儿子，字子高，年龄和孔子差不多。他二十四岁的时候，被任命为楚国北境叶城（在今河南叶县）的行政长官，所以被后世史书称为"叶公"。

"誉之所至，谤亦随之"，当大家都夸某人好的时候，对他的诽谤也就跟着来了。"叶公好龙"的故事大约就是这样来的。

叶公驻守在楚国北境，在与中原诸国修好的同时，大举兴修水利，拦洪蓄水，治好了危害这地方多年的水患，使叶城成为"鱼米之乡"。他年纪轻轻就赢得了百姓的爱戴、邻国的尊重，以及楚国朝廷的肯定与信任。负函成了楚国的领土后，叶公就驻守在此地。

鲁哀公十六年（公元前479年），也就是孔子去世的那一年，楚国的白公胜——就是伍奢和伍尚、伍员（子胥）父子拼命保护的那个太子建的儿子——伙同石乞发动了叛乱。令尹子西、司马子期都被杀了，楚惠王被劫持。这时，楚国外有其他国家的觊觎，内部又分崩离析，形势危急万分。

这时叶公已经年迈，而他驻守的叶城，距离楚国首都郢都将近千里，远隔方城大山和数不清的河流湖泊。但白公叛乱的消息传到方城山外的时候，楚国北境边防军的军官们纷纷对叶公说："可以进军平叛了。"叶公回答说："我听说过，赌徒总是喜欢冒险，一旦成功，他的欲望就没有止境，这样一来做事就会不公平，百姓以及他的手下必定会离心离德。咱们继续打探消息吧！"不久，传来楚国贤臣、管仲的七世孙管修被杀的消息，这时，叶公毅然发动方城山外的楚国边防军，向郢都杀来。不但沿途的乡亲父老箪食壶浆慰劳叶公的军队，年轻人纷纷参军，而且白公胜派来抵御的军队也纷纷阵前倒戈，加入平叛军队。一时间，楚国风雨飘摇的局面发生了根本性的扭转。

当叶公进入郢都北门时，遇见一个人，他问叶公："您怎么连头盔也不戴？咱们盼望您，就如同盼望慈父慈母。如果叛军的箭把您给伤了，老百姓就没希望了，怎么不戴上头盔呢？"于是叶公戴上头盔继续作战。不久，又遇见一个人，说："您为什么要戴头盔？咱们盼望您，就如同饿汉子盼望丰收，天天都盼哪，盼哪。要是能见到您一面，就安心了，就知道自己得救了，这样才有浴血奋战的决心，还要把您和叛军奋勇作战的消息通告全城，来鼓舞士气。您却带上头盔，老百姓

看不到您的脸，这不是让老百姓绝望吗？您太过分了！"于是
叶公脱掉头盔继续作战。他遇上箴尹固带着一帮人，准备去帮
助白公胜。叶公大喝一声："如果没有子西他们，楚国就不成
为国家了。你怎么可以背叛有德之人而跟随叛贼？"箴尹固和
他的手下也倒戈投向了叶公。不久，白公胜上吊自杀，石乞被
活捉，叛乱被平定了。

叶公因为有护国大功，被任命为令尹兼司马。但他并不贪
恋权位，待到局势稳定之后，就把令尹和司马的职位分别让给
子西和子期的儿子，回到叶城养老去了。

三年后的鲁哀公十九年（公元前476年），《左传》还记载
了叶公率军作战的消息，那年他应该七十七岁了。叶公的卒年
难以确考，他应该得享高寿。

7. 两位贤者的讨论

闲言少叙，书归正传。话说孔子一行到了负函，两位年
龄相近又互相倾慕的人终于见面了。安顿过孔子一行后，治理
着蔡国遗民的沈诸梁有些迫不及待地向孔子请教如何让地方上
安宁。孔子回答说："只有让近处的人高兴，远方的人才会来
归。"（《论语·子路》）

在一旁陪同的子贡听见了，有些疑惑，等沈诸梁走了后，问
孔子说："早年齐国国君问您如何治国理政，您说治国理政在于

节约财力。后来鲁国国君问您如何治国理政，您说治国理政在于告诫大臣。现在叶公问您如何治国理政，您说治国理政在于让近处的人高兴，远方的人才会来归。三个人问的一样，而您的回答却各不相同，那么治国理政体现在细枝末节上吗？"

孔子回答说："我是按照各国的实际情况来回答的。齐国君主把楼台水榭营建得十分奢侈，在园林深处游猎毫无节制，沉浸于轻歌曼舞中难以自拔，夜夜笙歌，朝朝高卧，有时一高兴就把三千辆兵车、一万两千匹马那样巨大的家产赏赐给他人。所以我对齐君说治国理政在于节约财力。鲁国君主的三个大臣，在国内狼狈为奸愚弄国君，在国外则排斥各诸侯国的宾客，遮蔽他们明察的目光，所以我对鲁君说治国理政在于告诫大臣。楚国国土辽阔而城市狭小，民众想离开那里，因为居住条件不好，所以我对楚君说治国理政在于让近处的人高兴，远方的人才会来归。这就是为什么这三国治国理政要各不相同的缘故。《诗经》说得好：'世上纷乱国库穷，抚恤百姓都落空。'这可是伤心奢侈浪费不节约引起国家动乱哪！《诗经》又说：'不忠职守太不该，专把君主来坑害。'这可是伤心奸臣蒙蔽主上引起国家动乱哪！《诗经》又说：'兵荒马乱心如麻，何处才是我的家！'这可是伤心百姓流离失所引起国家动乱哪！观察这三种情况，治国理政的方针，难道不是大致相同的吗？"

孔子又说："你看这负函城，百姓安居乐业，各方面都井井有条，如果整个楚国都能这样，楚国也就强盛了。希望叶公能把我的话传给楚王！"

孔子对学生因材施教，对向他请教的人也是这样。

不但孔子对叶公如何治理负函有着极大兴趣，叶公对孔子这位久负盛名、有圣人之称的同龄人也有着极大兴趣。一次，叶公在与子路的闲聊中问道："你的老师是怎样一个人呢？"子路一下子答不上来，回去告诉了孔子。孔子说："你干吗不说，他老人家的为人哪，是一发愤用功就忘记吃饭，常乐在其中忘了什么叫忧愁，完全不晓得衰老就要到来，也就不过这样而已呀！"（《论语·述而》）

这就是孔子一生的写照，不断进取，永不厌倦。

但是这俩人也有争论。一次，叶公对孔子说："我们这里有个名叫'躬'的正直的人，他父亲偷了羊，他就去举报。"孔子却说："我们那里正直的人和你们这儿的人可不同。父亲为儿子隐瞒，儿子为父亲隐瞒——正直就在这里头。"（《论语·子路》）

孔子的学说的中心是"仁"，它的出发点或者说是基础，就是"父慈子孝"，把父慈子孝扩大开来，就是"仁"。所以在孔子看来，这个基础是动摇不得的。

在《孟子》这部书中，也有这么一件事。

孟子的一个学生问道："假使舜当天子的时候，正直无私的皋陶做了法官，如果舜的父亲瞽叟杀了人，那怎么办？"孟子答道："把他逮起来就行了。"

"那么，舜不加以阻止吗？"孟子答道："舜凭什么加以阻止呢？皋陶那样做可是有法可依的。"

"那么，舜该怎么办呢？"答道："舜把丢掉天子之位看

作丢掉双破鞋一样。他偷偷地背着父亲逃走，在海边住下来，一辈子逍遥快乐，忘记了他曾经还当过天子。"（《孟子·尽心上》）

对上述孔子、孟子的说法，后人一直是有讨论的，到现在也没有完全一致的看法。

八　周游列国——北返

1. 学生陈亢

　　本来，孔子一行到楚国来，是要见楚昭王的。可是这时楚昭王已死，孔子师徒又该何去何从呢？

　　确实，一直到卧病在床，楚昭王还惦记着和孔子见面的事儿呢。他和身边的令尹子西商议，要分给孔子他们方圆七百里的土地及人口。令尹子西虽然为楚国屡立大功，颇有贤名，有些方面的德行却也同宋国的桓魋没有两样。他对昭王说："您派出去出使诸侯的使者中有一位能跟子贡相比吗？应该是没有吧！您身边的辅佐之臣中有一位能跟颜渊相比吗？应该是没有吧！您的将帅中有一位能跟子路相比吗？应该是没有吧！您的行政官员中有一位能跟宰予相比吗？应该是没有吧！而且我国始祖被周天子册封时，封号是排在末位的子和男，封地只有方圆五十里。现如今孔丘讲述三皇五帝的法度，表明周公、召公的功业，如果您再任用了他，那么楚国又如何能保得住世世代代拥有的方圆几千里的广袤大地呢？当年周文王在丰邑，周武王在镐地，都只有百里之地，却最终一统天下。现如今若让孔丘拥有土地，又有众多才能出众的弟子辅佐，这可不是楚国的福分哪！"楚昭王这才打消了原先的想法。

到了这年初秋，楚昭王就死了。

这下子，孔子师徒就面临何去何从的问题了。他们到楚国来，可是冲着楚昭王来的，现在楚昭王死了，他们总不能长期住在楚国不走。万幸的是，叶公对孔子他们还是很热情的，一再说："你们安心住下，就算帮我出出主意，想想办法，安定这新被楚国收入囊中的蔡国故地。"孔子师徒也就在负函住下了，但毕竟"梁园虽好，非久恋之乡"，孔子也在考虑是否再回到卫国去。

叶公治理着负函，也要管理自己的封地叶城。叶城在负函西北四百多里的地方，叶公和孔子见过几次面之后，就到叶城去了。临走时他对孔子说："等我到叶城收拾出一片大宅子，就捎信让您和您的学生们去做客。"

孔子一生对《诗经》是情有独钟的，后来他回到鲁国，整理了《诗经》三百零五篇，就是证明。《诗》是六艺之一，因此那个时代的士人，没有对《诗经》陌生的，只是不如孔子那样乐此不疲罢了。孔子曾经说："《诗经》三百篇，用一句话来概括它，就是'想要归于纯正'。"（《论语·为政》）

孔子曾对学生们提出了"学诗"的期望。他说，可以用诗歌借景物以抒情，可以用诗歌观察民风世俗，可以用诗歌相互切磋，可以用诗歌抨击时政，可以用诗歌侍奉父母，可以用诗

歌服侍君上，还可以靠诗歌多多记住鸟兽草木的名称。（《论语·阳货》）

孔子有时说话极为规范，特别是在吟诵《诗经》《尚书》和行礼的时候。（《论语·述而》）

孔子有个得意门生叫作陈亢，他是陈国人，他的哥哥陈子车曾经做到了卫国大夫，后死在了卫国。在商量治丧的环节时，陈亢的嫂子和管理陈家封地的家宰都主张要用活人给陈子车殉葬。他们商议好了之后就对陈亢说："你哥哥身体虚弱，得有人照顾，请允许用活人给他殉葬。"

按当时的礼制，陈子车死了以后，陈亢就是陈家的当家人了，所以陈亢的嫂子和家宰要做什么，是不能绕开陈亢的。于是陈亢就说："用活人殉葬，是不符合周礼的。真要殉葬的话，他周边的人中，又有谁比您二位更适合呢？哥哥在世时，你们就照顾得很好啊。"这一下子，嫂子和家宰再也不敢说什么了。

陈亢当然不是要用嫂子和家宰去殉葬，他这一招叫"以子之矛攻子之盾"，他用这一招阻止了殉葬这一残忍的行为。

陈亢的这一行为，是受了他老师孔子的影响。到了春秋末期，在鲁国，已经很少有活人殉葬这种残暴的事情了，不过有些人举行葬礼会用陶制的人俑殉葬。对此，孔子很不满意，说："首先用俑来殉葬的人，该会断子绝孙吧！"孟子对此解释说："因为人俑是照着大活人做出来的！"（《孟子·梁惠王上》）

有一天，陈亢问孔子的儿子伯鱼说："您在老师那儿，也有与众不同的见闻吗？"答道："没有。他曾经独自站在庭中，我恭敬地走过去。他问我：'学诗没有？'我说：'还没呢。'他便说：'不学诗，没法说话。'我退下后就开始学诗。过了几天，他又独自站在庭中，我又恭敬地走过去。他问：'学礼没有？'我说：'还没呢。'他说：'不学礼，没法立足于社会。'我退下后就开始学礼。就只听到这两件事。"陈亢回去后高兴地说："我问了一个问题，却了解了三件事——了解了诗，了解了礼，又了解了君子是如何不对儿子偏心眼的。"（《论语·季氏》）

其实，孔子是爱他的独子的，只是他和学生们朝夕相处，不想让学生们觉得他对儿子有所偏私罢了。他的爱是严父的爱，希望儿子能够成材。例如，孔子有天对伯鱼说："你最近学习《周南》《召南》了吗？一个人如果不学习《周南》《召南》，就好比正对着墙壁站立却无法行走。"（《论语·阳货》）

叶公治理的负函，大约就处在周南的边缘地带。孔子曾说很想到周南、召南的腹心地带实地探访一下，而叶城，应该就属于周南的中心地区。

过了些时候，叶公捎信过来，让孔子师徒到叶城去做客。于是，孔子一行就上路了。

2.叶城之行

那时期负函到叶城一带的气候，和如今湖南、江西南部差不多，是多雨、潮湿和闷热的。而这时是秋天，正是一年中凉爽舒适的时候。孔子师徒这时节上路，倒也不错。

在前往叶城的路上，有一个看上去疯疯癫癫的人故意从孔子的车旁走过，还唱着这样的歌：

凤凰啊凤凰，

为什么德行这样衰微？

过去的劝止不了，

未来的还可追回！

放手吧，放手吧！

现如今当官的岌岌可危！

孔子赶忙下车，想和他说说话。他却连忙走开，一溜烟儿跑远了。（《论语·微子》）孔子想和他谈什么呢？孔子知道，这人并非什么疯子，他对现实有着清醒的认识，是位高人。孔子知道这人想劝告自己适可而止，孔子也想对他诉说自己为什么出来奔忙。可是这位先生却不想多说什么。

这件事流传后世，直到唐朝，大诗人李白还写诗道：

我本楚狂人，

凤歌笑孔丘……

　　这个小插曲之后，师徒们又继续赶路。子路要为大伙筹措吃喝用度，经常离开队列独自行动，有时不免迷路。一天下午，太阳眼看着就要落山了，子路似乎迷路了，心里未免有些着急，这时碰到一位用拐杖挑着除草工具的老人。

　　子路恭敬地问："您看见我的老师了吗？"

　　老人说："有一帮人打这儿路过，四肢不劳动，五谷不认识，其中谁是你的老师呢？"说完，他就把拐杖插在地上，锄起草来。

　　子路越发恭恭敬敬，拱着手站在那里。等老人干完活，天都已经黑了，子路还恭敬地站在那里。老人看子路约莫五十多岁，也一大把年纪了，便长叹一口气，留子路住下，并且杀鸡、做黄米饭给子路吃，还让两个儿子出来拜见子路，陪着子路吃饭。

　　第二天，子路追上孔子，报告了这件事。孔子说："好一位隐士！他可不是一般人，他以前应该是一位洁身自好的官员。我没时间返回了，你回去感谢感谢他吧！我们回程时一定去拜访他。"孔子便拿些礼品交给子路，让子路原路返回去感谢他。

　　子路到了那里，老人却出门了。

　　子路素来心直口快，于是对老人的儿子说："不做官是有亏道义的。既然你们的父亲叫你们出来拜见我，说明他老人家觉得尊老爱幼的道理，是不能放弃的。既然这样，君臣之间的关系，不过是长幼关系的扩大，那又怎么可以放弃呢？我知道你们的父亲想要洁身自好，官场腐败恶劣，他不想掺和，但这样一来，却放弃了为国尽忠的本分。君子出来做官，只是为了道义。至于道义是否行得通，在这世道，我们未必不清楚。尽管如此，正直的人不出来做官，等于把官位让给只为自己捞好处的小人，我觉得这终归是不对的。"（《论语·微子》）

子路说的这些，其实就是孔子常说的。子路赶了回去，一行人继续前行，虽然叶城已然不远了，但许多人心里头却不是滋味。

前面路边有一座几十丈高的山，茂林修竹，景色清幽，山上的鸟儿叽叽喳喳地叫着。孔子让大家就地歇息一下，自己往山上走去，几个弟子也跟着上了山。

到了山顶，孔子举目四眺，西北方向的叶城已经隐约可见，在叶城和这座山之间，还有一条小河，蜿蜒曲折，在树木的掩映下若隐若现。孔子清了清嗓子，唱了起来：

> 登上那高高的山峦，
> 我的马儿呀腿脚发软。
> 我且把酒来斟满，
> 喝了它啊心里安。
>
> 登上高高的山岗，

我的马儿呀毛发黄。

我且把酒来斟满，

宽慰自己不心伤……

孔子不想唱下去了。这本是《诗经·周南》中一首叫《卷耳》的诗歌。孔子登山，唱这首诗歌本是合适的，只是内容太忧伤了。在这周南故地，吟唱《诗经·周南》中的一首诗歌，本是惬意的事情，可是……

孔子师徒下山之后，继续往西北方向迤逦而去。到了下午，日已西斜，他们到了河边，却找不到渡口。举目四望，看见不到一箭之地有两位农夫正在田地里劳作。孔子曾听说，有两位楚国的隐士长沮、桀溺在叶城东南郊的河边隐居，靠自己耕作维持生活。他想，莫非就是这两位？于是孔子让子路前去问路，孔子接过子路手里的缰绳自己拿着。子路走上前去，很恭敬地问路，两人却不作答。

其中一位约莫叫长沮的问子路："那位驾车的是谁？"

子路回答说："他老人家姓孔名丘。"

长沮又问："是鲁国的那位孔丘吗？"

子路回答："是的。"

长沮说："他不是圣人吗？应该是晓得渡口在哪儿的。"

子路又去问那位桀溺。

桀溺问道："先生是谁？"

子路回答说："我姓仲名由。"

桀溺又问："您是鲁国孔丘的门徒吗？"

子路问津

子路回答道："正是。"

桀溺接着说："现如今天下到处都是洪水猛兽，你们要改变现状，改得过来吗？既然这样，你与其跟着那逃避坏人的人，还不如跟着那逃避整个人群的人呢！"说完，他继续不停地干着农活，头也不抬。

子路回来后一五一十地把这些都转告给孔子。

孔子失望地说："果然是这两位隐士！但我们是不可能和他俩一样，隐居深山和鸟兽一道生活的。我们不是人类的一员，又是谁呢？如果天下太平无事，就不需要我们这些人奔波劳碌来改造它了。"（《论语·微子》）

孔子说过这话以后，心中掀起惊涛骇浪：这些年来，我们都做了些什么呢？是的，我是在培养学生。可是在普天之下实行仁德的理想呢？孔子想到这，对身边的学生们说："等我们回到负函后，沿着淮河到九夷一带去吧。周文王的伯父泰伯、仲雍不是到江东去了吗？他俩成全了周文王，又把中原文化播散到了吴越一带，使那儿的人民得到教化。他俩的品德，可以说是极为高尚了。我们为什么不可以到九夷那儿去开辟一番新天地呢？"

原来，那泰伯、仲雍是周朝祖先古公亶父的长子和次子。他们的三弟是季历，季历的儿子就是周文王姬昌。古公预见到姬昌的贤明，想把君位传给幼子季历，再传给姬昌。泰伯知道父亲的意愿，便和仲雍一道出走到江东，成为吴国的始祖。

这时就有学生说了："九夷那地方偏远闭塞，不开化，怎么好去住？"孔子说："有君子住在那儿，就不偏远闭塞了"

（《论语·泰伯》《论语·子罕》）

可是那时候，吴楚交兵，淮河两岸正是战场，孔子到九夷去的愿望，终究是没能实现。

后来从叶城回负函的路上，孔子又来到之前经过的河边，却听见有个小孩在唱歌："沧浪之水清又清，用来洗我的帽缨；沧浪之水浑又浊，用来洗我的双足。"孔子说："你们听好了！水清就洗帽缨，水浊就洗双足。这意思是说，做个什么样的人，其实取决于每个人自己。"（《孟子·离娄上》）

这时天色向晚，落霞满天，靠近河边有一块高敞的平地。时近深秋，曾经萋萋的芳草已开始枯黄，这是一块宿营的好地方。于是众人一齐动手，搭建营地，另外有人生火、打水，开始做饭。这时一位渔夫挑着筐子，走过来了，筐中有一些两三斤一条的鱼儿，还在甩着尾巴。渔夫过来作了个揖，说明来意：他是来献鱼的。孔子回拜了渔夫，却不肯接受。渔夫于是说："咱这里没有市场，这鱼吃不完，过几天就臭了。想来想去，与其让它们臭了扔掉，不如献给君子佐餐。"孔子听了之后，对着渔夫拜了两次，郑重地接受了。渔夫走了之后，孔子让弟子收拾出一块干净地方，用来祭祀山川祖宗神灵。原来，孔子想到吃的来之不易，即使是吃糙米饭、蔬菜汤和瓜菜，也不忘对山川祖宗神灵的祭祀，而且祭祀的时候要非常虔诚，就像斋戒一样。（《论语·乡党》）

弟子们觉得奇怪，问道："那渔夫本来是打算扔了这些鱼的，老师您却用它们来做祭品，这是为什么呢？"孔子回答说："我听说，有人舍不得吃某样东西，怕它腐坏变质，因而把它转让给别人，这和仁爱之士是同一类人。哪有受到仁爱之士赠送吃的却不拿去祭祀山川祖宗神灵的呢？"

别人诚心诚意送给孔子东西，孔子历来也是诚心诚意对待的。早些年在鲁国的时候，有个很节俭的人，总是用瓦罐做饭。有次，也许是肚子饿得狠了，他做好饭一尝，感觉好极了。这人历来是崇敬孔子的，马上就提着陶罐，到孔子家来进献给孔子。孔子郑重其事地接受了食物，尝了一口，感觉实在一般，但他仍然像是接受了"太牢"（牛、羊、猪肉齐备）一样，千恩万谢地送走了那位节俭之人。子路在一旁看得真切，有些不解，马上问道："瓦罐这么粗陋，煮出的东西也实在难称美味，先生您为什么却这样高兴？"孔子回答说："喜欢进谏的人总想着他的君主，人们吃到美味时总想着父母。我高兴不是因为炊具精美、食物可口，我高兴的是，那位先生尝到好吃的就想起了我呀！"

喝着鱼汤，望着眼前的鱼，孔子想起当年鲁昭公送他鲤鱼的事情来，浓浓的乡情在他的胸中翻滚：什么时候才能回到久违的祖国呢？

3. 再次回到卫国

回到负函休息几天后，孔子思考：在这几年里，卫国也发生了许多事情。灵公的孙子出公辄逐渐坐稳了君位，他希望孔子和他的学生为遭到削弱的卫国出力。既然这样，就先回到卫国再说吧。总不能别人一弱，你就躲得远远的吧！就这样，在鲁哀公六年、卫出公四年（公元前489年）年末，孔子和他的学生又回到了卫国。这时候，孔子已经六十四岁了。

在回去的路上，子路兴奋地问道："卫君正等着您去处理卫国国政呢，千头万绪，您准备先做什么？"孔子说："国政嘛，都很重要，哪能分什么先后呢？但是如果非要分个先后，那就先正名吧！"

子路不以为然，说："您竟然不切实际到这个地步了！正什么名啊！"

孔子骂道："粗野，你这仲由！君子对于他所不懂的，会先搁置起来不说。用词不当，言语就不能表达顺畅；言语表达不顺畅，事业就不会成功；事业不成功，礼乐制度就不会复兴；礼乐制度不复兴，刑罚就不会公平允当；刑罚不公平允当，老百姓就无所适从、举止失措。所以君子给某一事物命名，一定有可以这样说的理由；而这样说了，也一定要能行得通。君子对于他的措辞，要做到一点也不马虎才行呢。"

（《论语·子路》）

孔子后来回到鲁国的一件事可以说明什么叫"正名"。一次，孔子有事到季桓子那里去，恰好他的管家来报告："国君派人来借马，您打算借给他吗？"季桓子还没来得及回答，孔子便说："我听说，国君从臣下那里拿东西，叫作'取'；给臣下东西，叫作'赐'。臣下从国君那里拿东西，叫作'借'；给国君东西，叫作'献'。"季桓子很是惊讶，有所醒悟地说："我确实不明白这个道理。"于是命令他的管家："从今以后，国君要来拿东西，可不能再说'借'了。"

孔子重回卫国为什么先要"正名"呢？当年齐景公向孔子请教执政之道，孔子不是说"君主要像君主，臣子要像臣子，父亲要像父亲，儿子要像儿子"吗，而在卫国，灵公像个好君主、好父亲吗？蒯聩像个好儿子、好父亲吗？出公辄像个好君主、好儿子吗？现在出公辄执政，孔子希望他能做个好君主、好儿子。如果出公辄能和他的父亲蒯聩和解，那对卫国是大有好处的——后来的事实，从反面证明了这一点。

孔子回到卫国呢，卫出公是很欢迎的，也想对孔子委以重任。可是正如子路所说的，孔子有些"不切实际"，或者说不忘初心、坚守底线，使得卫出公不太愿意重用孔子。虽然他依然礼遇孔子，也委任孔子一些门生以各种职务。

孔子在卫国衣食无忧，卫出公和他的祖父一样，给孔子师徒以优渥待遇，还时不时地上门问候孔子——这是卫国历来礼遇贤人的传统。卫出公想着孔子也六十多了，就在卫国养老算了，自己还会亏待他老人家吗？话又说回来，孔子在这里，可是对卫国大有好处的。圣人住在这里，各国打卫国的主意，可得掂量掂量；孔子门下人才如云，一旦有国家打卫国的主意，也有个照应不是？所以，出公是真的想挽留孔子一行的。不过，有道是"燕雀安知鸿鹄之志哉""烈士暮年，壮心不已"，这些，出公是体会不到的。孔子一方面在卫国住着，培养学生；一方面等待着机会回到鲁国。

4. 冉求与齐鲁之战

这时候，鲁国也不安宁。

鲁哀公九年、卫出公七年（公元前486年）冬天，鲁哀公接到了吴王夫差的信，吴王希望与鲁国联手，一起进攻齐国。鲁哀公同意了。于是在哀公十年（前485年），吴国水陆齐发，北上进军。在齐国南部边境，鲁哀公和吴王以及齐国东南的两个小国邾国、郯国的国君见面，约定一起攻打齐国南部边境。四国军队驻扎在鄑地。

此时齐国国君齐悼公只不过是齐国贵族田乞的傀儡，曾经对吴王夫差不敬。这时候，田乞的儿子田常就把悼公杀了，还告知吴鲁邾郯联军，想要他们罢兵。不料夫差将计就计，在军门外号啕大哭三天，声称要为悼公报仇。联军士气高涨，摩拳擦掌，跃跃欲试。

可正在这时，吴国水军却被齐军击败了，吴军只好退回。但吴王夫差依然和鲁国约定继续用兵。这年冬天，楚国子期率军攻打陈国，吴国不得不出兵救陈。幸亏吴楚两军只打了个照面，在吴国统帅季札的劝告下，吴楚两军同时罢兵了。可这一来二去，时间就被耽搁了。

但齐国可不会罢休，它想将联军各个击破。鲁哀公十一年（公元前484年）春天，齐国大军由大夫国书、高无邳率领攻打鲁国，来报鄑地的一箭之仇，大军到达了齐鲁边境的清地。

季孙氏对他封地的总管冉求说："齐国军队驻扎在清地，一定是要攻打鲁国，怎么办呢？"冉求说："鲁国季孙氏、叔孙氏、孟孙氏三家的当家人中有一位留守，另两位跟着君上到边境抵御。"季孙氏说："这个恐怕办不到。"冉求说："那就到曲阜近郊抵抗！"季孙氏告诉了叔孙氏、孟孙氏，他们都不同意。冉求说："如果不同意，那么就不用出动国君。您一人带领军队，背城一战，不参加战斗的就不是鲁国人。鲁国卿、大夫封地的人数比齐军要多，就是您一家的战车也多于齐军，您有什么好担心的呢？他们两位不想作战也是可以理解的，因为政权掌握在季孙氏家。在您掌管鲁国国政的时候，齐国人攻打鲁国，您却不能作战，这就是您的耻辱。这样就完全不能自立于诸侯之列了。"

季孙氏于是让冉求跟着他去上朝，让冉求在党氏之沟的边上等着。叔孙氏喊冉求过去询问如何作战，冉求回答说："君子有深谋远虑，我一个小人懂什么？"孟孙氏一定要他说说，冉求回答说："小人我是考虑清楚了才说话，估算了力量才行动的。"叔孙氏说："你的意思好像是说我成不了大丈夫啊！瞧着吧！"他便马上回去检阅动员军队。

三家出兵抗齐。孟孺子洩率领右军，颜羽为他驾驶战车，邴洩站在车厢右边。冉求率领左军，管周父为他驾驶战车，孔子另一学生樊迟站在车厢右边。季孙氏说："樊迟年龄太小了。"冉求说："太小瞧人了！他虽年轻，却足够胜任了。"

季孙氏有七千甲士，冉求带着其中三百武城人作为自己的亲兵，派老的小的守卫宫室，驻扎在南门外边。过了五天，右军才跟了上来。鲁昭公的儿子公叔务人一见到守城的人就哭道："徭役繁重，赋税众多，居上位者没有计谋，战士又不拼命，拿什么来治理百姓？我也就这样说他们罢了，我自己还是要努力作战的！"

后来，鲁军又和齐军在郊外作战。齐军从稷曲攻击鲁军，鲁军不敢过沟迎战。樊迟对冉求说："不是做不到，是信不过您，请您把号令申明三次，然后带头过沟。"冉求听从了樊迟的话，大家就跟着他一起过沟进攻，这样鲁军就攻进了齐军阵中。

但这时候，孟孺子洩率领的鲁国右军却败逃了，齐军不断追赶。齐国的陈瓘、陈庄率军徒步渡过泗水。鲁国的孟之侧殿后，最后退回城中。他抽出箭来装作抽打他的马，说："不是我非要殿后，是马不肯前进啊！"《论语·雍也》记录了这事儿。鲁国大夫林不狃的伙伴对林不狃说："快逃吧！"不狃说："我们就这么窝囊吗？"伙伴说："那么，停下来抵抗吗？"不狃说："就我们几个人，停下来抵抗又有什么用！"于是他们闲庭信步慢悠悠地走，被齐军赶上杀死了。

冉求率领的鲁军砍下了齐军八十个甲士的脑袋，齐国军队溃散，不能再成阵势。晚上，探子报告说："齐国人偷偷溜了。"冉求三次请求追击齐军，季孙氏都不答应。季孙氏不想太得罪齐国，怕招致齐国的报复。

孟孺子洩对别人说："我比不上颜羽，但是却比邴洩厉害点儿。颜羽精悍灵敏，我虽不想作战，但也能保持沉默；邴洩却说'赶着马逃走'，他比我还不如呢！"他的这番荒唐言论引起了大家的嗤笑。

鲁国公子公为与他未成年的仆人汪锜同在一辆战车中战死，人们收殓了他们的遗体下葬。孔子说："能够拿起干戈保卫国家的，可以用成年人之礼下葬。"

冉求亲自执长矛大破齐军，孔子听说后大加赞扬："这就是道义！"

在这场保卫鲁国的战争中，比齐国弱小得多的鲁国最终惨胜，冉求当然是中流砥柱。他先是用激将法，逼得孟孙氏和叔孙氏同意出兵；接着在樊迟的提醒下，适时动员将士，并带头冲锋；最后，在鲁国右军已经崩溃的局面下，力挽狂澜，亲自执长矛攻入齐军阵中，大破齐军。

5. 冉求斡旋，孔子归国

胜利之后，季康子问冉求说："您这么会打仗，是学来的呢，还是天生就会的呢？"冉求回答："当然是学来的。"季康子再问："您以前成天跟着孔子，怎么会打仗？"冉求想起临别时子贡的嘱托，觉得时候到了，便斩钉截铁地说："我就是跟孔子学的。孔子是大圣人，没有什么是不懂的，文的武的都会。我呢，刚好听到他讲授战法，就学了点皮毛，精华还远没学到呢！"季康子听了很高兴。

季康子接着问道："我父亲和孔子很熟，我那时还年轻，没有太多地亲近孔子。孔子他老人家到底是个什么样的人呢？"冉求郑重地回答说："我的老师做事讲究符合名分。当年他曾对齐景公说：'君主要像君主，臣子要像臣子，父亲要像父亲，儿子要像儿子。'他要推行的主张，都是对得起道义的。就是与鬼神对质，鬼神都挑不出他的错。我是按照老师的主张去贯彻实行的。如果不符合道义，就是封我两万五千户的封地，我老师也不认为是对的。"

季康子说："我想请他老人家回到鲁国来，可以吗？"

冉求回答说："您想请他老人家回来，真是太好了！只是希望您不要再被小人所阻碍了。"季康子知道这是指公之鱼的事情，连忙表示说再也不会了。冉求想要再坚定一下季康子的决心，接着又说："咱们鲁国，有个现成的圣人，如果不用，就好比倒退着走来追赶前面的人，只会距离越来越远。现如今孔子一行在卫国，卫国准备重用他们。自己国家分明有能人，却让他们有国不能回，去帮助外国，这是很不明智的。我建议准备一份厚礼，马上去接他们一行回来。"季康子听罢，很快就派大贵族公华、公宾、公林等人，带着礼物到卫国去迎孔子回国。

樊迟听完冉求的详细叙述，就把来龙去脉写信全告诉了孔子。孔子读完信之后说："在这件事上，季孙氏还是喜欢用有能力的人。"平日里季孙氏用人，往往用身边信得过的庸人，可是临到打仗，他却不敢相信这样的人，还是得找能人来指挥。

6. 孔子归国前夕的卫国

这时候的卫国，掌握大权的孔悝正要攻打不久前还是他女婿的太叔疾。这是怎么一回事儿呢？

当初，卫国太叔家的儿子、晋悼公的外孙太叔疾娶了宋国大名鼎鼎的公子朝的女儿。按照当时的婚俗，他把公子朝这个女儿的妹妹也娶了，算作小妾。公子朝是大美人南子都念念不忘的美男子,他的女儿当然也都如花似玉,尤其是与新娘一起嫁过来的那个姑娘,简直是沉鱼落雁之容、闭月羞花之貌,太叔疾十分喜欢她。

公子朝因为到处拈花惹草的缘故,闹出了乱子,不得已逃出了宋国。卫国的孔圉十分欣赏太叔疾,就让他休了公子朝的女儿,迎娶了自己的女儿孔姞。但是太叔疾休了妻子,却舍不得妻子的妹妹,就派亲信把他前妻的妹妹给骗出来,在一个叫“梨花浦”的地方给她造了座宅子,常去那儿住住,就好像有两个老婆一般。世上没有不透风的墙,不久,孔圉就知道了这事儿。他很生气,准备派兵去打太叔疾,为此专门去征求孔子的意见。

孔子就用回答过卫灵公的话再次回答了孔圉:“祭祀和礼仪的事儿,我还是懂一点的;排兵布阵的事儿,我没学过。”

(《论语·卫灵公》)

孔圉听出了孔子的意思是不赞成他出兵打太叔疾,就没有发兵,而是把自己的女儿强行要了回来,和太叔疾一刀两断。太叔疾生性放荡,又在一个叫外州的地方和一名女子通奸,结果被外州人追打,虽侥幸逃脱,他的车子却被缴获上交了朝廷。太叔疾在卫国声名狼藉,就逃到宋国去了。于是,卫国人就立了太叔疾的弟弟孔遗做了他们家族的继承人。同时,孔圉把自己的女儿孔姞嫁给了孔遗。

恰好这时鲁国来接孔子的公华、公宾、公林等人到了,孔子收拾收拾,告别了卫国的君主和大臣,以及他多年的朋友,包括孔圉,就上路回阔别十三四年的祖国鲁国去了。

那太叔疾呢,逃到宋国之后,你猜怎么着?咱们之前不是说有个家伙叫桓魋吗？"不是一家人不进一家门"，所谓"臭味相投"，就是说的桓魋和太叔疾这种人——太叔疾逃到宋国，做了桓魋的家臣。为了感谢桓魋，太叔疾就送给桓魋一些稀有的珍珠。桓魋投桃报李，把鉏城封给了他。桓魋拿着那些珍珠到处炫耀，结果就被宋景公看上了。宋景公向桓魋索要，桓魋不给，宋景公一怒之下，就带人去桓魋家搜。搜了半天也没搜到，宋景公就逼问桓魋到底把珍珠藏在哪里了。桓魋没办法，只好说出藏珠地点就在鱼池底下。宋景公命人放干鱼池的水，取出宝珠。现在的成语"殃及池鱼"就是由此而来的。

后来宋景公和桓魋彻底决裂，桓魋逃往国外，这下太叔疾彻底失去了依靠。此前他仗着桓魋的势力在鉏城作威作福，鉏城人都恨死他了。桓魋一逃，鉏城人就群起而攻之，太叔疾只好再次仓皇而逃。

这时候，卫灵公的儿子蒯聩已经从他儿子辄（卫出公）那里夺取了政权，后世叫他卫庄公。卫庄公动了恻隐之心，让太叔疾回到了卫国，安置在巢地，后来太叔疾就死在那儿了。

由于在孔圉向孔子咨询是否攻打太叔疾之后不久，孔子就回鲁国去了，于是有一种说法，说是孔圉把孔子给气跑了。这种说法是不对的。因为，虽然孔子没有明确回答孔圉，可孔圉并没有发兵攻打太叔疾，也算从善如流了。

好几年后，孔圉死了，得了个"文子"的谥号。子贡感到有些不解：孔圉让太叔疾和妻子离婚，然后把女儿嫁给他；因为女婿偷情，还要发兵，怎么配得上这个谥号呢？于是他就去问孔子。孔子回答说："他聪敏灵活，爱好学问，还常向

地位较低的人请教，不以为耻，所以才用'文'字来给他做谥号。"（《论语·公冶长》）

孔子还曾向季康子谈及卫灵公的荒唐事，意在劝告季康子。季康子问道："既然是这样，为什么他没有败亡？"孔子回答说："卫灵公有孔圉接待宾客，祝鮀管理祭祀，王孙贾统率军队。他手下人才济济，他又放手让他们干而不加干涉，那他为什么会败亡呢？"（《论语·宪问》）

这样看来，孔子对孔圉总体上是肯定的，并不会因为孔圉为攻打太叔疾的事情征求他的意见而离开卫国，所以确实是因为季孙氏派来迎接孔子回国的人到了，才回去的。

7. 重归故国

孔子师徒一行，离开卫国，往东边直奔故国鲁国而去。途中有一处景观，在一条河上，有一个瀑布。距瀑布很近的下游，有一座木桥。刚好孔子一行也走累了，就都停在桥上观赏瀑布。那瀑布从二三十丈的高处倾泻而下，白浪轰鸣着砸入深潭，回旋的激流拍打着黑色的岩石，带着巨响，变成片片水花，飞溅向四周。水雾迷离，在阳光下的照射下，时不时有彩虹映现。这激流是如此湍急，鱼鳖不能靠近，鼋龙不能遨游。这时，有个赤条条的健壮男子，来到水边，正准备一个猛子扎进去。孔子大叫一声，制止了他。孔子走过去，对那人说：“这水从几十丈高的地方砸下来，环流形成巨大的漩涡，鱼鳖鼍龙都近身不得，我觉得你还是不要冒险为好。”那男子望着孔子笑了一笑，转过身去扎进水里，半天都没浮上水面，孔子和学生们心都快跳到嗓子眼了。只见对岸有一道白光从浪里一跃而出，那男子已在河对岸坐下。他朝河这边扬了扬手，又扎进水里，不一会儿又一跃而出，坐在岸上。孔子走近，问他说：“这么冷的天，这么急的水，你这么顺利地游过去游过来，到底凭借什么？”那人回答说：“我在这水边长大，水性自然是没的说的。除此之外，我靠的是‘忠信’。忠，就是一心一意；信，就是相信自己一定做得到。我跳进水里时，心里想的是忠信；在水里潜行时，心里想的是忠信；最后一跃而出，还是凭的忠信。我的身体在滚滚波涛中，完全托付给了忠信。也就是说，在这整个过程中，我不敢有任何私心杂念，这样我才能顺利入水，顺利出水。”孔子听了这一番陈述，若有所思，好半天才对学生们说：“同学们记住啊，滚滚波涛还可以凭着忠信来和它亲近，何况是和人呢！”

进入鲁国境内以后，师徒一行正沿着一条河走着，却听见前面有人在哭，那声音十分哀痛。孔子对为他赶车的人说：“听那人的哭声确实悲伤，但又不像是家里死了人的情形。你快些把车赶过去，我们看望他一下。”往前走了不远，孔子一行发现了一位怪人，他揣着一把镰刀，腰里捆着白布，哭个不停。孔子下车，追上那人问他叫什么，那人说：“我叫丘吾子（一说皋鱼）。”孔子又问道：“今天可不是办丧事的时候，您为什么哭得那么哀痛呢？”丘吾子说：“我有三大过失，直到如今才发现，真是追悔莫及！"孔子问道："所谓'三大过失'，能允许我听听吗？希望您直抒胸臆，也许我能帮到您呢！"丘吾子长出一口气，缓缓说道："我年轻时爱好学习，周游天下结友拜师。等到我回家时，父母已经长逝，这是我的第一大过失！年长以后，我在齐国国君身边做事，齐君骄奢淫逸，失去士人拥护，我没有尽到做臣子的责任，这是我的第二大过失！我平生广交朋友，如今都疏离断绝了关系，这是我的第三大过失！真所谓'树欲静而风不止，子欲养而亲不待'啊！一去不复返的，是年岁；离开了就永远见不着的，是双亲。请允许我走吧！"说完他纵身一跳，掉到河里，被浪花卷走了。

孔子沉默了好一会儿，转过头来对大伙说："你们记住啊！我希望你们将来不要有他的遗憾。"于是，好多弟子辞别孔子和同学，回家奉养双亲去了。这次辞别的人，在随行的孔子弟子中足有三成。

鲁哀公十一年（公元前484年），六十九岁的孔子回到了阔别十三四年的鲁国都城曲阜。孔子归来，受到了鲁哀公、季康子以及一众鲁国卿大夫的欢迎。见到众多老面孔和一些新面孔，孔子满心喜悦。

十三四年的颠沛流离、艰难困苦，未能使孔子一改初衷，他仍然坚持着自己的理想。如今垂垂老矣，他已经六十九岁了，回到阔别多年的故乡，一草一木，都倍感亲切。

作歌丘陵

九　最后的"从政"

1. 孔子的气话

听说孔子要回来了，他的几位在鲁国做官的学生马上把孔子的住宅修葺一新。孔子回到故宅，弟子们陆续前来看望。孔子看到许多弟子都有所成就，心里当然是喜悦的。

见到这位久负盛名的贤者，鲁哀公急不可耐地问道："要怎样做百姓才会服从呢？"孔子回答说："提拔正直的人，让他们去管理不正直的人，百姓就服从了；如果提拔不正直的人，让他们去管理正直的人，百姓就不会服从。"（《论语·为政》）

以前，在鲁国流传着一个有关健忘症的故事：鲁国有一个人老爱忘事，一走路，就忘记究竟要走到哪里去；一睡觉，就忘记什么时候该起床。他妻子很担心，到处打听后告诉这人说："我听说某地有个医生，什么病都能治，你不如去试试？"这个人听了很高兴，骑着马、背着弓箭就出门了。走了没一会儿，他突然有了便意，就下马把箭插到地上，把马系到树上，开始大便。他一转头看到左边插着一支箭，吓了一跳，心想："太危险了！只要偏一点就射中了我！"他又一转头看到右边的马，马上高兴地说："虽然虚惊一场，却能捡到一匹马，这可是赚了！"他正要上马，却踩到了刚才拉的大便，大为震怒："哪来的畜生，把我的新靴子都弄脏了！"于是原路返回，一会儿就到家了。他在门外晃荡，自言自语道："这是谁的家啊？莫非是医生家？"正好他老婆出来，知道他又忘记了，就骂他。他瞪着眼睛说："我又不认识你，干吗出口伤人哪？"

鲁哀公于是问孔子道："真有这么健忘的人吗？"孔子笑了笑，不紧不慢地说："这还算不上严重的，比这更健忘的人有的是呢！"

鲁哀公说："我有幸能听您说说吗？"

孔子于是说："从前夏桀凭着天子的尊贵，富有天下，却忘记了他圣明的祖上的治国之道，破坏了他们设立的典章制度，荒废了对他们的祭祀，一味荒淫享乐，沉湎于酒色不能自拔。这时节奸臣以为有机可乘，便阿谀奉承，揣摩迎合夏桀的心思，歌颂他如何如何伟大。谁若敢进忠言，就将身首异处，于是忠臣闭口，为躲避罪责不敢进言。最后，天下人群起反抗，杀了夏桀，夏朝也就灭亡了，国土也被别人占据了。这才是忘记了自己是谁的典型哪！"

哀公听了，冷汗直流。

孔子毕竟年近七十了，这个年纪，不大可能再入朝为官了。这一点，孔子和季康子都是明白的。季康子明白这一点，才放心让孔子回国，他也担心孔子的众多能干的弟子为他国所用。孔子明白自己再从政，有些不切实际，但还是寄希望于自己的众多弟子，希望他们多为鲁国效力。孔子想做的事很多，除了现实的急迫的"救世"，整理文化遗产是他最想做的事。整理文化遗产使它们不至于失传，也是一种"救世"——长远的"救世"。既然年老力衰，而现实的"救世"当下又完全看不到希望，不如就抓紧时间，实施一项长远的救世计划吧！好在作为国老，生活是完全有保障的，不必为吃的用的操心。孔子计划着马上干起来。

就在这时，冉求上门来了。

子路、冉求在季孙氏家得到重用，季孙氏家里有个叫季子然的人不大服气。有天，季孙氏派他来和孔子洽商事情，谈话间，他不得体地问："仲由和冉求两人是否可以说就是大臣了？"孔子说："我还以为你是问别人，原来是问由和求哇！所谓大臣，凭道义侍奉君主，如果行不通，就辞职不干。如今由和求呢，当个大臣，已经初具资格了。"（《论语·先进》）

季康子对孔子表面上还是很尊敬的。他想要按田亩征税，就派冉求来征求孔子的意见。孔子却说："我可不懂得这个。"冉求一连问了三次，孔子都这样回答。冉求只好说："您是国家的重臣元老，全鲁国都等着您的意见去办事呢，为什么您不说话呢？"当着好多人的面，孔子含含糊糊，不作触及事情实质的回答，私下却对冉求说："君子做什么事情，都要看是否合乎礼制。正因为这样，施舍要尽量丰厚，事情要做得适当，收税要尽量微薄。如果这样，那么按以往的十六块井田交马一匹牛三头也就足够了。如果不以是否合乎礼制来衡量，那贪心就会没有止境，就算按田亩收税，还是会不够的。况且，季孙氏如果想要办事合于法度，那么周公的典章就在那里，可以翻阅。如果想要随心所欲，又征求什么意见呢？"果然，季康子并不听别人的意见。

原来，古代井田制的时候，收税较低。到了鲁宣公十五年（公元前594年）的时候，鲁国实行"初税亩"制度，就是不管公田私田，一律按面积收税。应该说，这一制度的推行是成功的。到了公元前590年，鲁国又进一步推行"作丘甲"制度。一丘，就是十六块井田。所谓"作丘甲"，就是以"丘"为单位，来征收车、马、牛等军赋的制度。孔子私下对冉求说的，就是让季康子继续实行"作丘甲"制度就行了。可是，季康子想要推行"用田赋"制度，就是按田亩来征收各种实物。这样做，可以显著提高税收，增加他自己的财富，但无疑会加重百姓的负担，所以孔子反对它。

季康子让他的总管同时也是孔子学生的冉求来征求孔子的意见，是想要得到孔子的支持，利用孔子巨大的威望来推行这个制度，减小阻力。尽管孔子不支持他，但是季康子可不管那么多，还是要推行下去。

季康子推行这个制度，还得靠冉求。冉求也是卖力地为季康子搜刮。孔子对此大为不满，说了那句著名的话："冉求不再是我的弟子了，你们大可以堂堂正正地攻击他。"（《论语·先进》）

当然，这只是气话，孔子并没有和冉求绝交。但是，孔子为什么这么决绝地反对季康子的这一项政策呢？因为，当时遇到的一件事给了孔子很大的刺激。

2. 季孙的忧虑

有一天，孔子经过泰山旁边，看见一个女人在坟边上号啕痛哭。孔子扶着车前的横木听了一会儿，就让子路过去询问："你哭得这样悲痛，看上去是遇上了很大的伤心事呀！"那妇人说："我公公被老虎吃了，我丈夫又被老虎吃了，如今我儿子也被老虎吃了。""那么为什么不搬走啊？"那妇人答道："因为这里没有苛政哪！"孔子听了后对弟子们说："好好记住我的话，苛政比老虎更可怕呀！"

当时鲁国偷盗成风，季康子苦于应对，便向孔子请教对策。孔子回答道："这都是让生活逼的。假如您不那么贪心，让老百姓有条活路，哪怕奖励偷盗，他们也不会干。"（《论语·颜渊》）

季康子问孔子，到底要如何执政才是对的，孔子答道："'政'字含有'端正'的意思。您若带头端正自己，谁敢不端正呢？"（《论语·颜渊》）

季康子继续请教执政的大道理，他说："如果杀掉无道的人来亲近有道的人，怎么样？"孔子回答："您执政，干吗用杀人的办法呢？您乐善好德，百姓也会从善如流。君子的德

行就好比风，百姓的德行就好比草。风往哪边吹，草往哪边倒。"（《论语·颜渊》）

鲁国有一个很小的附庸国家，叫颛臾（在今山东费县西北），季康子要攻打它。这时子路和冉求都在季孙家做事，便来告诉孔子。孔子怀疑这事儿是冉求策动的，就责备冉求说："求啊，怕是你出的主意吧？颛臾这个小国向来是鲁国的附庸，为什么还要攻打它呢？"冉求说："季康子要这样做，我们俩都不愿意。"孔子说："这话说不过去。你们难道没有责任吗？笼子里的老虎跑了，匣子里的美玉碎了，难道不怪看守和保管的人吗？"冉求又辩解道："颛臾的城堡很坚固，又靠近费邑，现在不攻下它，怕有后患呢。"孔子便道："求啊，我们最讨厌那种口是心非又找借口的人！我听说国家不怕人少，怕的是贫富不均；不怕穷，怕的是不安定。现在你俩辅助季康子，不能使境内人民生活安定，不能让远方的人愿意来投奔，却在内部动起干戈来了。恐怕季康子的忧患倒不在外，而是在内呢！"（《论语·季氏》）

最后那句话可是一针见血。原来，季孙氏家族把持鲁国朝政已久，和鲁国国君自然矛盾很大。季康子怕鲁哀公会找机会收回国权，那时候颛臾会里应外合来帮助鲁哀公，于是决定先下手为强，攻打颛臾。孔子看穿了这一切。

目前所有史书包括《春秋》和补充解释《春秋》的《左传》都没记载鲁国进攻颛臾这事儿，因此许多历史学家认为是孔子的话使得季康子不得已刹了车。当然，季康子是很不高兴的。

3. 这也是一种参政

有其父必有其子，有其师必有其弟子。孔子的学生耳濡目染，也变得越发像孔子，能站在民众的角度考虑问题。比如，鲁国的仓库明明足够用了，还要改建仓库，闵子骞看不惯就说："照着老样子下去不行吗？为什么一定要翻修呢？"孔子听了，赞许地说："那人平日不大说话，一说可就说到点子上了。"（《论语·先进》）

一天，鲁哀公问孔子学生有若："年成不好，国家用度不够，该怎么办呢？"有若回答说："为什么不实行十分抽一的税率呢？"哀公说："十分抽二，我还嫌不够，怎么能十分抽一呢？"回答说："如果百姓的用度够，您怎么会不够？如果百姓的用度不够，您又怎么会够？"（《论语·颜渊》）这就是"小河有水大河满"的道理，只有民富才能国强。可惜的是，许多统治者不愿明白这一浅显的道理。

孔子的"不配合"态度，使得鲁国统治者对他敬而远之，有什么事也不告知他，更别说咨询他的意见了。可是孔子仍在关心着鲁国的政事。

有一天，冉求很晚才从季孙氏家回来。孔子说："为什么这么晚才回来呢？"答道："处理政事。"孔子说："那只是些具体事务。如果是国家大事，虽然不用我了，我也能知

道。"（《论语·子路》）

政治上的接连碰壁，加之年龄已大，力不从心，不禁让孔子反思：在接下来的有限岁月里，我应该做些什么呢？思来想去，他决定了，应该继续进行教育工作，同时整理文化遗产，留给后人。

决定了就干。孔子开始不过问政事了，于是有人来问他："您为什么不参政了呢？"孔子说："《尚书》上说：'孝啊孝，只要孝顺父母，友爱兄弟，把这种风气推行到政治上去。'这也算是参政。什么才叫作参政呢？"（《论语·为政》）

但是，放弃了几十年席不暇暖的生活而与黄卷青灯作伴，对于以恢复周公事业为职志的孔子来说，毕竟是很痛苦的，他感觉一下子老了许多，不禁叹道："我衰老得好快呀！我都好长时间没有梦见周公了！"（《论语·述而》）

4. 循循善诱

孔子的教育方法千变万化，最重要的是启发式教育以及因材施教。他曾说过，要在学生有强烈求知欲的时候教导他，要让学生有举一反三的能力。（《论语·述而》）

孔子的启发式教育，在《论语》中有许多例子。前文说到过子张询问士人要怎样做才算"通达"（《论语·颜渊》），孔子详细地回答了他，也是一个例子。前文也说到过孔子询问四位学生的志向，最后说"我赞成曾皙的主张"。（《论语·先进》）类似的还有孔子在回答学生子贡询问如何治国理政时说："粮食要充足，军备要强大，政府要取得老百姓的信任。"（《论语·颜渊》）

孔子曾就管仲有无仁德和弟子们进行充分讨论。

孔子的后学中，孟子是不大看得起管仲的。在《孟子》的《公孙丑》一开篇，孟子弟子公孙丑就问道："您如果在齐国当权，对于管仲、晏子的功业，您会期许它再现吗？"孟子说："你真是个齐国人，仅仅知道管仲、晏子而已。"说到这里，孟子引用了曾参儿子曾西的话："有人问曾西：'您和子路相比，谁强些？'曾西不安地说：'他是先父所敬畏的人。'那人又问：'那么，您和管仲相比，谁强些？'曾西马上变了脸色，不高兴地说：'你为什么把我和管仲相比？管仲得到君上的信赖是那样的专一，操持国家的大政是那样的长久，而功绩却那样的卑微。你竟把我和他相比？'"停了一会儿，孟子又说："管仲，曾西都不愿做他这样的人，你以为我愿意吗？"还是在《公孙丑》篇中，孟子在谈到君主先要拜贤德之人为师再以他为臣时说："商汤对于伊尹，先向伊尹学习，然后才以他为臣，所以不费大力气就统一了天下；桓公对于管仲，也是先向他学习，然后才以他为臣，所以不费大力气就能称霸诸侯……商汤对于伊尹，桓公对于管仲，就不敢召唤。管仲尚且不可以召唤，何况不屑于做管仲的我呢？"

对于管仲，孔子的态度是矛盾的。他曾经说："管仲的器量小得很哪！"有人问："管仲节俭吗？"孔子说："管氏有三处采邑，手下人员又从不兼差，怎么能算是节俭？"那人又问："那么，他懂得礼仪吗？"孔子说："国君宫殿门前，立了个照壁，他管仲也立了个照壁；国君为了睦邻友好，在两楹之间设了个放酒杯的土台子，他管仲也有个放酒杯的土台子。像管仲那样的人都算懂得礼仪的话，那还有谁不懂得礼仪？"（《论语·八佾》）孔子对管仲的这一态度，可能是曾西、孟子不大看得起管仲的源头。

后来又有人问孔子管仲如何，他的回答就比较正面了。有人问子产如何，孔子说："是个宽厚的人。"又问起子西，孔子说："那人哪，那人哪！"又问起管仲，孔子说："算是个人物。剥夺过伯氏骈邑三百户的采地，使伯氏只能粗茶淡饭，却到死没有怨言。"（《论语·宪问》）

孔子对管仲的矛盾心态，促使他想和学生讨论管仲，一来启发学生思考，二来理清自己的思路。就在这个时候，子路提出了问题。他说："齐桓公杀了公子纠，召忽因此自杀，同样是公子纠老师的管仲却没为公子纠而死。"又说："管仲还没有达到'仁'的境界吧？"孔子说："齐桓公多次召集诸侯盟会，却未动干戈，这都是管仲的功劳。他这样做，符合仁德呀，符合仁德！"子贡又问道："管仲怕不是仁人吧？桓公杀了公子纠，他不但没有殉难，还去辅佐他。"孔子说："管仲辅佐桓公，让他称霸诸侯，使普天之下都得到匡正，人民到今天还受到他的恩赐。假如没有管仲，我们都会披散着头发，衣襟向左边掩着，沦落为夷狄了。他难道要像普通男女的守信那

样，在水沟里自杀，没人知道吗？"（《论语·宪问》）

通过和学生讨论，互相启发，不但学生深受教育，孔子自己也深深地感觉到：真是教学相长啊！

孔子过去的一个学生孺悲想见孔子，孔子以有病推辞。传命的人刚出房门，孔子便取下瑟边弹边唱，故意让他听到。（《论语·阳货》）孔子这样做，意在促使孺悲反思自己错在哪里，以致老师明明在家也不见自己。孟子解释得好，他说："教育也有多种方式，我不屑于去教诲他，这也算是教诲他呢。"（《孟子·告子下》）

对于学生以外的人，孔子也是竭尽全力教育。虽然互乡那儿的人难以打交道，但那儿的一个青年还是得到了孔子的接见。对此，弟子们疑窦丛生。孔子解释说："认可他们的进步，不认可他们的退步，何必做得太过分？别人很虚心地、收拾得干干净净地来了，就该认可他的洁净，不要老盯着他的过往。"（《论语·述而》）

同样，对于不是自己学生的人，孔子也实行启发式教育。

孔子曾反问自己，并且回忆一段往事："我有知识吗？没有。有个种地的向我求教，很诚恳的样子，我从他那个问题的头和尾去盘问，才领会到很多意思，然后尽量地告诉他。"（《论语·子罕》）

启发式教育，必须区别对待。每个学生都有其特点、长处和短处，有针对性地启发教育，才能收到最好的效果，这就叫因材施教。一次，子路询问是否听到就干起来。孔子说："父兄还健在，怎么能听到就干起来？"冉求询问是否听到就干起来。孔子说:"听到就干起来。"公西华说:"仲由问是否听到就干起来,您说:'父兄还健在,不能这样做。'冉求问是否听到就干起来,您说:'听到就干起来。'我感到困惑,斗胆问问。"孔子说:"冉求平日谦虚退让,所以我鼓励他勇敢向前;仲由的干劲却有两个人的大,力求胜过别人,所以我要拖拖他后腿。"(《论语·先进》)

冉求、子路是什么人?大家都知道他俩是孔子门下善于治国理政的能人,但是他俩的性格也是不同的。正是因为冉求的努力,孔子才在快七十岁的时候,回到阔别十多年的祖国。他俩刚开始来到孔子门下的时候,子路大大咧咧、快人快语,这大家已经知道了。一次,孔子说:"主张贯彻不了,我想坐个小木簰亡命海外,跟随我的,恐怕只有仲由吧!"子路听了这话,十分高兴。孔子说:"仲由的好勇甚至超过了我,只是没有地方获取扎木簰用的木材!"(《论语·公冶长》)冉求有点儿畏畏缩缩的。一次,冉求对孔子说:"不是不喜欢您的学说,是能力不够。"孔子说:"能力不够的人,会半途而废,现在你却还没迈步就打起了退堂鼓。"(《论语·雍也》)

《论语·先进》的原话是:"求也退,故进之;由也兼人,故退之。"兼人,就是一个人顶俩的意思。唐宋八大家之首的韩愈,年轻时也有些沉不住气,所以取字"退之"。

自古以来勇于进取的人们,常常根据自己的弱点,佩戴各种标志,提醒自己改正。例如西门豹性急,佩韦自戒;董安于性缓,佩弦自戒。佩韦,就是佩戴一小块熟牛皮,提醒自己要像熟牛皮一样柔软。佩弦,就是佩戴一小段弓弦,提醒自己要像弓弦一样绷得紧一点儿。现代作家茅盾，就常用笔名"佩韦"。朱自清一生性格温和，他的字为"佩弦"，就是要提醒自己该硬气时就得硬气，他确实是对得起自己这个字号的！

孔子因材施教令弟子学有所成的例子，《论语》里还有很多。例如，颜渊是孔子最得意的弟子，孔子曾经说："如果颜渊将来发达了，我可要到他家做管家。"孔子还说："颜回多了不起呀！一竹筐饭，一瓜瓢水，住在偏僻的巷子里，别人都不堪忍受那忧愁，颜回却不改他的快乐。颜回多了不起呀！"孔子还说："颜回呀，他的心总是长久地不背离仁德；别的学生嘛，只是隔三岔五想起来一下罢了。"（《论语·雍也》）连子贡也赞美颜渊闻一知十，自己只能闻一知二。（《论语·公冶长》）但孔子还是说："颜回呀，不是个有助于我的人，因为他对我说的话无不心悦诚服。"（《论语·先进》）

子贡（端木赐，字子贡）呢是个多才多艺的人，孔子曾经说："端木赐通情达理，让他从政有什么困难呢？"（《论语·雍也》）子贡有多能干呢？《史记·仲尼弟子列传》记载："子贡出使一次，保存了鲁国，扰乱了齐国，灭亡了吴国，增强了晋国，并让越国称了霸。子贡出使一次，使得各国形势的旧格局都被打破了。十年之内，鲁、齐、吴、晋、越五国都有重大变化。"所以，到了后来，好多人都认为子贡比他的老师孔子还要强，这使得子贡不得不出来解释说："把这事儿比作围墙吧。我家的围墙只能齐肩，谁都能一望而知房屋的美好。我老师的围墙高达数丈，找不到大门进去，就看不到那宗庙的雄伟、官府的富丽。能够找到大门的人或许不多吧！"

（《论语·子张》）可是孔子还是认为，子贡的才能可以继续拓展。有一次，子贡问道："老师，我怎么样呢？"孔子说："你呀，是个器皿。"子贡说："什么器皿？"孔子说："瑚琏。"瑚琏，就是簠簋，是古代祭祀时盛粮食的器皿，方形的叫簠，圆形的叫簋，那是相当尊贵的。孔子说这话，一方面是认可子贡的才华，一方面是觉着子贡的才能还可以继续拓展。孔子曾经说："君子不能只像器皿一样，只有一定的用途。"（《论语·为政》）

　　孔子越是欣赏某个弟子，越是希望他好上加好，更上一层楼。这不，子贡问他说："乡亲们都喜欢他，这人如何？"孔子回答："还不行。"子贡又问："乡亲们都讨厌他，这人如何？"孔子说："也不行。最好是乡亲中的好人喜欢他，乡亲中的坏人讨厌他。"（《论语·子路》）

　　孔子不认为自己最了不起，他希望弟子能够超越自己。他说："默默记住知识，学习永不厌弃，教人不知疲倦，如能做到这些，那我孔丘又算得了什么？"（《论语·述而》）他又说："出外便服侍公卿，入门便服侍父兄，有丧事不敢不尽礼，不被酒所困扰，如能做到这些，那我孔丘又算得了什么？"（《论语·子罕》）

　　以上目标，都是一努力就够得着的。孔子的伟大，绝不限于这么一点，他这么说，无非希望弟子再努力一些，迎头赶上自己。他深深地知道，自己来日无多，多么希望自己的事业后继有人哪！

退修诗书

十　年轻一代成长起来了

1. 年轻的弟子们

　　大家都把孔子看成教育家，看成教师这一职业的祖师爷。孔子从三十多岁起就一直在教书育人，包括他从政的时候。现在，他已年近七旬，在政治上远没有达到自己的期许，因此，他久久思考之后，决定完全回归教书育人的本业，当然，还有编书。

　　如果我们注意一下，会发现孔子周游列国之前所收的弟子们，往往擅长从政；而在周游列国期间或者说归鲁前后收的弟子，则多擅长文化教育工作。

　　后世大儒荀况对孔子晚年所收的弟子有所不满，认为他们不去实践，只会学习圣人的表面，他说："帽子歪斜欲坠，说话寡淡无味，学禹跛着脚走路，学舜快步疾行，这是子张一派的样子。衣帽穿戴得整整齐齐，端着一派严肃面孔，像是很谦虚似的整天不说话，这是子夏一派的样子。又苟且又怕承担责任，没有廉耻之心却醉心于吃喝，总是以"君子动口不动手"来逃避劳动，这是子游一派的样子。"这当然有点"攻其一点，不及其余"了，但确实反映了孔子晚年所收的弟子多从事文化教育活动这一特点，然而这并不等于说他们没有多少机会参加政治实践。

孔子曾说："我的学生中德行好的有颜渊、闵子骞、冉伯牛、仲弓，口才好的有宰我、子贡，善于从政的有冉求、子路，熟悉古代文献的有子游、子夏。"（《论语·先进》）当然，这只是粗略的分类。德行好的人，自然是朝着"仁"不断努力的人。口才好是从事外交工作的前提。古代的从政，包罗万象，自然也包括打仗。所有这些，孔子认为，都离不开知识、文化。孔子曾说："没有知识，怎么能够实践仁德呢？"（《论语·公冶长》）这话可以从两方面理解：一方面是知识很重要，实践仁德没有知识是不行的；另一方面是知识需要实践和贯彻，否则学知识干什么呢？

孔子还说过一段很重要的话，我们下文介绍子张时会详细介绍，意思是如果一个人不够有智慧，是够不上仁德的。（《论语·公冶长》）孔子一生尤其是晚年，主张全面推进文化教育事业，可以在这段话中求得部分答案。

德行好的颜渊、仲弓等，口才好的宰我、子贡等，以及善于从政的冉求、子路，都是前期培养的，只有熟悉古代文献的子游、子夏，才是周游列国时期或归鲁前后培养的。当然，这期间重点培养的学生，还包括子张，更包括曾子。

但是，这样的分类只是大致的，是说某一方面哪个学生最擅长，而不是说他仅仅会干某件事。比如熟悉古代文献的子游（姓言，名偃），也当过"武城宰"，也就是武城的地方官。孔子去那儿看看，问他："你在这儿得到什么人才没有？"子游说："有一个叫澹台灭明的人，走路不抄近道，没有公事从不到我的居室来。"（《论语·雍也》）这时候孔子听到弹琴唱歌的声音，微笑着说："杀鸡，何必用宰牛的刀？"子游回答说："以前我听老师说过，君子学了道理，就会爱护他人；百姓学了道理，就会听从指挥。"孔子对其他弟子说："同学们，言偃这话是对的。刚才那句话不过是考考他，开个玩笑罢了。"（《论语·阳货》）由此可见，子游也是善于从政的，只是在孔子门下，不如冉求、子路声名远播罢了。

2. 子 游

子游是吴国人，比孔子小四十五岁，比子夏还小一岁哪！

子游对孔子提倡的仁和礼最为醉心，也努力实践。他认为应当注重这两者大的方面，也就是精神实质；至于一些礼仪的细节，是不必太过计较的。他很直率地批评好友子夏的学生说："子夏的某些学生，叫他们做做洒扫、与客人对答、迎来送往的工作，那是可以的；不过那都只是细枝末节，学术的根基是没有的，这该怎么办呢？"（《论语·子张》）他还说："对待君主过于烦琐，就会招致侮辱；对待朋友过于烦琐，反

而会被疏远。"（《论语·里仁》）

《礼记·礼运》记载了孔子和子游的一段对话。孔子参与了蜡祭，结束以后就散步到了宫门外的一座高台，遥望着远山近水，发出了一声长叹。陪伴在身边的子游问道："老师，您为什么叹气呢？"

孔子回答道："大道得以实行的时代和夏商周三代杰出君主在位的时代，我都没有赶上，但打心底里向往。大道实行的时代，天下是大家的，人们推选有德有才的人为头领，讲求信誉，和睦相处。人们不仅仅爱自己的长辈，也不仅仅爱自己的子女，而是让老者都能安享晚年，少壮都能用其所长，孩子都能茁壮成长，无依无靠的鳏夫寡妇和残疾有病的人，都能得到供养。男人都有职分，女人都有归宿。财物，人们不愿见它被丢弃在地上，但不必拿到自己家里；力气，人们生怕使不出来，却不一定为了自己。这时，阴谋诡计派不上用场，偷窃作乱不会发生。人们外出，也不必闭锁大门。这个时期就叫'大同'。而现如今，大道无影无踪，天下是一家所有，人们各自孝敬双亲，各自慈爱子女，财物和力气都给了自家。天子、诸侯、卿大夫世袭，成了礼法的规定；修造内外城墙以及护城河，用来防御入侵者。随之礼义成为纲纪，用来规范君臣，使父子关系亲密、兄弟和睦、夫妇和谐，设立制度，确立田地住宅的规制，表彰智勇双全的人，奖赏有功于国家的人。这样一来，阴谋诡计大行其道，兵戎相见此起彼伏。禹、汤、文、武、成王、周公是这一时期的杰出者。这六位君子都是谨守礼法之人——用礼来彰明正义、考察诚信、指出错误、树立仁爱的典型，讲求谦虚和礼让，向百姓展示不变的规矩。如有不按礼法办事的，当官的要被撤职，人们都觉得他是个祸害。这个时期就叫'小康'。"孔子认为，在"大道既隐"的当下，要靠"礼"来约束统治者和人民大众，这样才能确保"小康"社会尚且不错的生活。子游就是孔子这一看法的实践者。在子游的大力整顿下，风气一向粗鄙的武城也逐渐移风易俗，变得文明了。

孔子培养子游，丧礼是重点之一。咱们前文说到晏婴的时候，提到过孔子说，举行丧礼时，与其强忍悲痛而和颜悦色，宁可大放悲声。（《论语·八佾》）子游对此有补充："居丧，要达到悲哀的程度才够。"（《论语·子张》）如今，有些地方送葬时扎些纸人、纸马甚至小汽车、别墅去烧，这种习俗古已有之，对此子游是坚决反对的。《孟子·梁惠王上》："孔子曾说：'最开始制作人俑来陪葬的人，该会断子绝孙吧！'这是因为人俑如同大活人，却被用来陪葬，是不尊重人的生命的表现。"孔子是在什么情况下说的这话呢？据《孔子家语·曲礼公西赤问》记载，是子游说了下面这段话之后，孔子才说的。子游说："送葬的人用泥人和草马殉葬，这自古就有了。如今却有人制作人偶殉葬，这对于丧事是无益的。"

子游的这种看法，是和孔子一脉相承的。一次子游向孔子请教孝道，孔子说："现在的所谓孝，是说能做到养活父母，但狗和马也能够得到饲养。父母和狗、马全部都养着，若不对父母心存敬畏，那用什么去区别赡养父母和饲养狗、马呢？"（《论语·为政》）后来，孟子进一步提出了"养志"

的主张，就是不但要让父母吃饱穿暖，还要让他们心情愉悦。（《孟子·离娄上》）

3. 子 夏

和子游大约同一时期到孔子门下的，还有子夏。他是卫国人，比孔子小四十四岁。他家境极为贫困，形容衣服破烂不堪的成语"鹑衣百结"，就是说的他。子夏学习非常刻苦，又深入钻研，有独到见解，成为继孔子之后成就卓著的儒者。他晚年在西河讲学，那里的百姓都以为他就是孔子。

孔子悉心栽培子夏，曾对子夏说："你要做君子般的儒者，不要做小人般的儒者！"（《论语·雍也》）这也就是孔子说的"君子追求真理，不追求衣食""君子忧虑的是真理得不到贯彻，不忧虑衣食无着"。（《论语·卫灵公》）

子夏潜心追求仁德。有个关于子夏追求仁德的故事。曾子有次见到子夏，一见面，曾子吃了一惊："你怎么壮实了？"子夏回答道："我打了胜仗，就壮实了。"曾子没明白怎么回事儿，问："什么意思啊？"子夏答道："我在家学习古代圣贤的大道理，喜欢得不得了；一出门见到荣华富贵令人快活，又喜欢得不得了。这两种想法在胸中搏斗，不分胜负，让我很痛苦，所以日渐消瘦赢弱。现如今，古代圣贤的大道理取得完胜，我心情舒畅，就壮实了。"所以说确立一种想法的困难，不在战胜别人，而在战胜自己。所以老子说："能战胜自己的人，才是强者。"子夏说："如同工匠要待在作坊去完成工作，君子靠学习去求得大道。"（《论语·子张》）

子夏在孝道上最有心得，孔子本着因材施教的原则，在这方面对他也格外用心。有次子夏问孝道。孔子回答道："在父母前总是和颜悦色，难哪！有事情，年轻人效劳；有酒菜，年长者享用。这么一点点，就算是孝顺吗？"（《论语·为政》）孔子说这话，是针对子夏所主张的从日常小事入手去追求大道而说的。孔子不反对这一点，只是提醒他不要捡了芝麻丢了西瓜。孔子还说"你要做君子般的儒者，不要做小人般的儒者"（《论语·雍也》），也是同样的意思。

子夏说："即使是小的技艺，也有一定的可取之处。只是向远大目标迈进时怕被它耽搁，所以君子暂时不去从事它。"（《论语·子张》）他不惮从细小处入手探究学问。当子游指责他的学生尽关注些细枝末节的时候，他起而辩护："子游这话可不对！君子的学术，哪一项应先传授，哪一项后传授呢？拿草木来打比方，学习是要分门别类的。君子的学习过程，是不好这样随便评论的。能够从头学到尾而无需由浅入深的，大概只有圣人吧！"（《论语·子张》）不但学习的过程要由浅入深，而且哪一阶段来学习也可以灵活掌握。他说："学了知识，去做百姓的管理者。这时候有空闲便学习，再有空闲也可以去管理百姓。"（《论语·子张》）因为管理百姓是学习之后的实践，通过实践感到不足，再加强学习，就能不断提高了。子夏认为，不论是学习知识还是追求仁德，都要日积月累。他说："每天了解所不知的，每月复习已经会的，可以称之为好学了。""广泛地学习，坚守自己的志趣；恳切地发问，多考虑当前的问题，仁德就在其中。"（《论语·子张》）

《论语》还有一处显示了子夏注意"礼"的细节。他说："君子有三变——远望着觉得庄严，靠拢了觉得温暖，听他的话却觉得严厉。"（《论语·子张》）

在实践过程中，子夏也总结出一些经验，包括从政的心得。他说："你去管理民众，必须先获取他们的信任。没得到信任就叫他们做事，他们会以为你在折磨人。同样，劝告君上也必须得到信任，没得到信任就去劝告，他们会认为你在说坏话。"（《论语·子张》）子夏也总结了教书育人的经验："尊敬贤者，轻视美色；侍奉爹娘，能尽全力；侍奉君上，能够献身；和朋友相交，说话一定能诚实守信。这样的人，即便没有系统全面地学习过，我也认为他已经学得很好了。"（《论语·学而》）

对于子夏的好学深思，孔子是赞赏的。一次，子夏问道："《诗经》上说'巧笑倩兮，美目盼兮，素以为绚兮'，这几句诗是什么意思？"孔子说："在绘画中，先用彩色作画，后用白色勾勒出文采。"子夏于是问道："那么，天生丽质，还要用礼仪来约束吗？"孔子说："让我开窍的，就是你卜商啊！现在可以和你讨论《诗经》了。"（《论语·八佾》）

子夏也确实聪明。正如孔子看到老鹰身上的箭就断定是肃慎氏进贡的楛木箭一样，子夏也有这样的故事。有次他到晋国去，路过卫国，听到一人在那儿摇头晃脑读史书，当他念到"晋国人三豕渡过黄河"，子夏马上就说："这一定错了，应该是'晋国人己亥渡过黄河'。""己亥"是表示时间的词，写法有点像"三豕"。有一门学问叫作校勘学，是专门纠正这类错误的。子夏可以说是校勘学的鼻祖。

子夏的好学深思也得到了同门的认可。樊迟比子夏大好几岁，也向他请教。一次，樊迟问孔子什么是"仁"，孔子说："爱别人。"樊迟又问什么是"智"。孔子说："善于鉴别人物。"樊迟还没完全弄明白。孔子解释说："提拔正直的人，让他管理邪恶的人，能够使邪恶的人正直。"樊迟仍然有疑问，又不好意思再问，出来见到子夏，就说："刚才我去见老师，问他什么是'智'，他说'提拔正直的人，让他管理邪恶的人，能够使邪恶的人正直'，是什么意思？"子夏回答说："这话寓意多么丰富呀！舜领有天下，在群众中挑选，提拔了皋陶，坏人就被疏远了。汤领有天下，在群众中挑选，提拔了伊尹，坏人就被疏远了。"（《论语·颜渊》）

虽然子夏被归为熟悉古代文献的一类弟子，但他和子游一样，也能够治国理政。子夏做了莒父的行政长官，向孔子请教执政之道。孔子说："不要贪图速度，不要贪图小利。贪图速度反而达不到目的，贪图小利会误了大事。"（《论语·子路》）现在咱们熟悉的成语"欲速则不达"就是从这里来的。

子夏还善于安慰他人，使一蹶不振的人重新振作起来。咱们以前说过他安慰司马牛的故事，就是一例。

4.子 张

子张，复姓颛孙，名师，比孔子小四十八岁。他出身贫寒，据说曾以贩马为生，与子游、子夏齐名。孔子去世后，儒分八家，子张及其弟子形成的"子张之儒"位列"儒家八派"之首。

《论语》中有孔子和子张的对话，从中可以看出孔子是如何培养教育年轻一辈的。

有次子张问孔子："令尹子文三次做令尹，没有喜悦的表情；三次被罢免，没有怨恨的表情。每次交接，一定把自己的政事全都告知新令尹。这个人怎么样？"孔子说："真是公忠体国。"子张说："算不算仁呢？"孔子说："他未能做到'智'，怎么能够算'仁'呢？"子张接着又问道："齐国大夫崔杼弑杀齐庄公。当时，陈文子有四十匹马，但他舍弃不要，离开了弑上不仁的齐国，到了另一个国家。结果没待多久，他就说：'这里的统治者和我们那里的崔子差不多。'他又离开了这个国家，到了另一个国家。住了没几天，他又说：'这里的统治者和我们那里的崔子差不多。'于是他又离开了。这个人怎么样？"孔子说："真是很清白。"子张说："算不算仁呢？"孔子说："他未能做到'智'，怎么能够算'仁'呢？"（《论语·公冶长》）这一例子说明子张是肯动脑筋思考问题的，更为重要的是，孔子认为没有智慧，是算不上"仁"的。

又一次，子张问怎样才能使自己到处行得通。孔子说："言语忠诚老实，行为忠厚严肃，即使到蛮貊的国度，也能行得通。言语不忠诚老实，行为不忠厚严肃，即使在本乡本土，能行得通吗？站立时，仿佛看见'忠诚老实忠厚严肃'几个字在我们面前晃着；在车里，仿佛看见它们刻在前面的横木上。时时刻刻记着它们，那样才能到处行得通。"子张把这些话写在自己的腰带上，时刻提醒自己。（《论语·卫灵公》）这一例说明子张是如何认真对待孔子的教诲的。

子张的求知欲很强，一次他问孔子今后十代的礼仪制度是否可以预知。孔子回答道："殷代沿袭夏代的礼仪制度，所增删的，可以知道；周代沿袭殷代的礼仪制度，所增删的，也可以知道。或许有继承周代而当政的人，就是往后一百代，也是可以预知的。"（《论语·为政》）

子张问怎样才能做个完善的人。孔子说："完善的人，如果不会踩着别人的脚印走，学问道德也就不能完全到家。"（《论语·先进》）

子张又问如何推崇道德，明辨惑乱。孔子说："依靠忠诚信实，唯义是从，这就是推崇道德。喜爱他，就希望他活着；讨厌他，恨不得他死掉。既要他活，又要他死，这便是惑乱。正像《诗经·小雅·我行其野》说的'诚不以富，亦祇以异'。"（《论语·颜渊》）

子张问怎样才能明察秋毫。孔子说："日积月累、水滴石穿般的谗言，以及皮相之谈未及实情的控告，都在你这里行不通，那你可算是明察秋毫了。日积月累、水滴石穿般的谗言，以及皮相之谈未及实情的控告，都在你这里行不通，那你也可算是具有远见卓识了。"（《论语·颜渊》）

子张请教执政之道。孔子说："持身兢兢业业，行事竭力尽心。"（《论语·颜渊》）

子张向孔子学习如何求职。孔子说："多听，有疑问的地方暂且保留，其余自信的部分谨慎地说出，就能减少错误。多看，有危险的地方先不去做，其余可靠的部分谨慎地实行，就能减少懊悔。言语的错误少，行动的懊悔少，求职就容易了。"（《论语·为政》）

子张询问士人要怎样做才算"通达"。孔子说："你所说的'通达'，是什么意思？"子张答道："做诸侯国的官员时一定有名望，做大夫家的官员时一定有名望。"孔子说："这叫作'闻'，不叫'达'。所谓'达'，是品质正直，行为正当，善于分析言语，察言观色，总想着凭着这些来谦让他人。这种人，做诸侯国的官员时一定事事行得通，做大夫家的官员时也一定事事行得通。所谓'闻'，是表面上装出仁德的样子，行为上却相反，以仁人自居而不迟疑。这种人，做诸侯国的官员一定会博取虚名，做大夫家的官员也一定会博取虚名。"（《论语·颜渊》）

子张很崇敬孔子，也好学深思，富有才华，又意志坚定。他看不起既想追求仁德又意志不坚定的人。他说："秉持道德不宏大，信仰道义不坚定。这种人，有他不多，没他不少。"

（《论语·子张》）那么，应该怎么做呢？子张的回答是："士人见到危险能够豁出生命，在利益面前考虑是否该得，祭祀时想到要严肃恭敬，居丧时想到要悲痛哀伤，那也就可以了。"（《论语·子张》）当然，这样掌握不好度，就会偏激，显得骄傲不近人情。《论语》就记载，"颛孙师偏激"。孔子也说："颛孙师呢，有时做得过头了。"（《论语·先进》）所以子游评论道："我的朋友子张确实是难能可贵的了，然而还没有达到'仁'的境界。"（《论语·子张》）曾子也说："子张真够得上仪表堂堂了，只是别人难以跟他共同进入仁德的境地呀！"（《论语·子张》）但这只是有的方面，或者说有的时候，子张本人至少就意愿上说，是愿意广交朋友的，包括和不如自己的人交往。《论语·子张》记载了一段对话：

一天，子夏的学生问师叔子张交友之道。子张就问："子夏老师怎么说的？"学生回答道："老师说，能够交就交，不能够交就拒绝他。"子张回答："跟我听到的有所不同。君子尊贤，也包容大众；嘉勉好人，也可怜能力差些的人。我做得够好了吗？那什么人我容不下呢？我做得不好吗？那该是别人拒绝我，我怎么去拒绝别人呢？"

从上面的记载不难看出，孔门不是一团和气，而是开诚布公，有不同看法可以讨论。

5. 曾参（上）

要说孔子年轻弟子里最有出息的，或者说对后世影响最大的，恐怕还得数曾子。《史记·孔子世家》对曾子没有记载，《仲尼弟子列传》也只是记了"曾参，南武城人，字子舆。少孔子四十六岁"等寥寥十六个字。这似乎都证明，曾参在孔子去世前后，在孔门中不算是最为杰出的。

曾参做了子思的老师，子思的门人又做了孟子的老师，因此以孟子为代表的儒家学派通常叫作思孟学派。

经过秦朝的思想禁锢和焚书坑儒，儒家学派流传到后世并取得正统地位的有思孟学派一支，而曾子教导了子思，起了承前启后的作用。而且，《论语》里除了孔子，"曾子"出现了十几次，这些也许是后世曾子很被崇敬、地位很高的原因吧！到了汉代，曾子的地位就很高了。《礼记》记载的曾子的言行很多。

曾子，姓曾，名参，字子舆，南武城人，比孔子小四十六岁。他是曾皙的儿子。咱们在前文说起过，孔子赞同曾皙说的一段话，还记得吗？曾家原是鄫国贵族，鄫国被莒国灭了之后，鄫国世子逃到鲁国，传了三代到了曾皙。那时曾家已经沦为平民，自己种地求食。《庄子·杂篇·让王》说："曾子住在卫国，衣服破烂，面色浮肿，手脚生茧，经常几天也不生火做饭，十年不添置新衣。一拿帽子戴，帽带子就断了；一拉衣襟，手肘就露出来；一穿鞋子，脚后跟就露出来。"实在是狼狈得很。

曾参的父亲曾皙和子路一样，都是很早就跟着孔子学习，曾参自然而然地成了孔子弟子，跟着孔子周游列国。

《论语》里记载了许多曾子的嘉言懿行。

曾参远不算天才，《论语·先进》记载说："高柴愚笨，曾参迟钝，颛孙师偏激，仲由鲁莽。"所以，迟钝的他就下笨功夫。《论语·学而》记载了他谈自己学习体会的一段话："我每天总是多次反省自己，为别人操心是否尽心竭力了呢？和朋友交往是否诚实守信呢？老师传授给我的学业是否复习了呢？"

由于曾参同颜渊一样好学不厌，孔子也是不断对他耳提面命予以教导。一次，孔子对他说："曾参哪，我的学说有个观念贯穿其中。"曾参只是说"是的"，看上去很木讷。孔子走出去以后，同学们便问道："什么意思？"曾参说："他老人家的学说嘛，不过'忠'和'恕'罢了。"（《论语·里仁》）可见，孔子赞赏颜渊那句话"回也不愚"（《论语·为政》），也可以用在曾参身上。

曾参谈及自己的学习体会时说："君子用文章学问来结交朋友，用朋友来帮助自己成就仁德。"（《论语·颜渊》）

颜渊是曾参的好朋友。曾参深情地回忆颜渊说："他学得那样好，还经常请教于远不如他的人；他是那样博学，还经常请教于知识远不如他那样丰厚的人。尽管他学得那样好，学起来还总是那样如饥似渴；尽管他满腹经纶，却总像一无所知那

样虚心求教，遭受冒犯，也不计较。"（《论语·泰伯》）

由于曾参好学深思，所以对孔子讲的总能领悟透彻。孔子曾说："不处在那个职位，便不为它的政务操心。"曾子也说："君子所考虑的不超出自己的职位。"（《论语·宪问》）

曾参曾谈到他的志向。他说："可以托付给他幼小的孤儿，可以交付给他国家的命脉，面临国家安危的紧要关头，却不动摇屈服，这不是君子吗？我愿意成为这样的人！"他又说："我们跟随夫子读书，不可以不胸怀宽广而又坚强果断，因为我们负担沉重，路程遥远。以实现仁德为己任，不是很沉重吗？奋斗到死才算完（死而后已），不是很遥远吗？"（《论语·泰伯》）

随着学习实践的深入，曾参日渐成熟，有了充分的自信，所以经常在不同场合发表自己的看法。

孟孙氏任命阳肤为法官，阳肤向曾子求教。曾子说："在上位的人胡作非为，百姓早就流离失所了。你如果能够审出罪犯的真实情形，便应该抱着同情的态度，千万别以此为乐！"（《论语·子张》）

曾参对孝道最为上心，他对孝道的身体力行以及总结的心得，对后世产生了深刻的影响。

曾参是以孝出名的。孟子曾经说过："侍奉谁最重要？侍奉父母最重要。守护什么最重要？守护自己的良心最重要。不失去自己的良心又能侍奉父母的，我听说过；失去了良心又能侍奉父母的，我没有听说过。侍奉谁不是侍奉？侍奉父母是根本；守护谁不是守护？守护自己的良心是根本。从前曾子奉养他的父亲曾皙，每餐一定有酒有肉；撤席时一定要问剩下的给谁。曾皙若问是否还有剩余，一定答道：'还有。'曾皙死了，曾元养曾子，也一定有酒有肉；撤席时便不问剩下的给谁了。曾子若问是否还有剩余，便说：'没有了。'准备下餐再给曾子吃。这个叫作让父母嘴巴、身体舒服的'养'。至于曾子，才可以叫作让父母心情舒畅的'养'。侍奉父母能做到像曾参那样，就算是到家了。"（《孟子·离娄上》）因此，曾参也经常对孝道发表意见。不过，由于他的谦虚，这种表达常常以转述孔子话的形式说出来："我听老师说过，孟庄子的孝，别的都容易做到，而留用父亲的老臣与不改父亲的旧政，却难以做到。"（《论语·子张》）

这显然在孔子所说的话的基础上进行了发挥。孔子说过："一个人，如果父亲还健在，要观察他的志向；父亲不在了，要考察他的行为。如果他长期不改变父亲的合理做法，就可以说是尽孝了。"（《论语·学而》《论语·里仁》）

曾参又说："我听老师说过，一个人即使平常没有尽心竭力办事，在他父母去世办丧事的时候，也一定会尽心竭力的。"（《论语·子张》）

当然，孝道只是仁德的一部分内容，尽管它是仁德的核心内容。曾参对仁德的追求与实践，以及对仁德境界的领悟，都是非凡的。曾参说过："晋国和楚国的财富，我们是赶不上的。但他凭他的财富，我凭我的仁；他凭他的爵位，我凭我的义，我有什么想不开的呢？"（《孟子·公孙丑下》）孟子接

下来做了发挥，他说："我不去见王，或许和曾参说的是一个
道理。天下公认尊贵的事有三件，地位是一个，年龄是一个，
道德是一个。在朝堂上，没什么比得上地位；在乡党中，没什
么比得上年龄；至于辅助君主统治百姓，自然是没什么比得上
道德。齐王有地位，我却拥有年长和道德，他凭什么拿他拥有
的一种来看不起我所拥有的两种呢？所以，将有大作为的君主
必定有他不能召见的臣子。如有什么要商量，就到臣子那里
去。君主要崇尚道德，追求真理，如果他不这样做，臣子便不
足以和他一道有所作为。因此，商汤对于伊尹，先向他学习，
然后以他为臣，所以不费大力气便一统天下；桓公对于管仲，
也是先向他学习，然后以他为臣，所以不费大力气而称霸诸
侯。"原来，不久前，孟子正要去朝见齐王，这时齐王派了个
人来传话："我本来应该去你那儿看你，但是得了风寒，不能
吹风。明天早晨，我会临朝办公，不知道能让我见见您吗？"
孟子答道："很不幸，我也生病了，不能上朝。"齐王的意思
是让孟子明天再去见他。这下孟子脾气上来了，就来到朋友景
丑家，索性不去见齐王了。景丑劝孟子说："在家父子，出门
君臣，这是人际间最重大的伦常。父子之间以德惠为主，君臣
之间以恭敬为主。我只看见了齐王对您的尊敬，却没见到您对
齐王的恭敬。"孟子回答景丑说："齐国人中，没有一个跟齐
王讲求仁义的，他们难道以为仁义不好吗？不是的。他们心里
不过是想着'齐王哪值得和他谈仁义呢'罢了。这样说，对齐
王不敬，没有比这更厉害的。我呢，除非尧舜之道，不敢拿来
在齐王面前陈述。所以说，齐国人中没有谁比我更崇敬齐王

的。"接着，孟子才讲了地位、年龄、道德三尊贵的那段话。

6. 曾参（下）

应该说，孟子的话是受了曾参的启发。孟子可是曾参的三传弟子呢！曾参是孔子的孙子子思的老师，而孟子受业于子思的弟子。孟子是子思的再传弟子，也就是曾参的三传弟子。

是的！曾参追求的是仁德，他人追求的是财富。求仁而得仁，有什么想不开的呢？！所以，曾参穿着破衣烂衫，而坦然过闹市，没有丝毫不好意思。

这样看来，对儒家思想的传承，曾参是其中的关键。曾参有一段话广为传颂，激励了历史上无数的仁人志士，还将激励后来者——"士不可以不弘毅，任重而道远。仁以为己任，不亦重乎？死而后已，不亦远乎？"（《论语·泰伯》）

孔子曾说："己所不欲，勿施于人。"（《论语·颜渊》《论语·卫灵公》）这是对一般人的要求，是做人的底线。孔子又说："夫仁者，己欲立而立人，己欲达而达人。"（《论语·雍也》）这是对仁人志士的要求。对孔子的学说，曾参能很透彻地领悟。曾参曾经对自己的同学说，孔子的学说，可以用"忠"和"恕"来概括。忠，是对他人认真负责，立己立人，达己达人；恕，就是"己所不欲，勿施于人"。

曾参对自己要求严格，对别人则宽宏大量，在这方面有许许多多的事例。曾参认为，君子不先入为主把人朝坏处想，不怀疑人家不诚信；不说人家的过失，而要成全人家的美好；搁置起人家的过往，而着重看人家的未来。人家早上有错，晚上改了，就赞许他；晚上有错，早上改了，也赞许他。他看见别人有一个好处，就希望这人有两个好处；看见别人有小好处，就希望这人有大好处；看见别人做得不错了，就不求全责备，不要求人家尽善尽美。他认为，君子自己要向善，也由衷为别人高兴；自己能力强，也由衷为别人能力强高兴；自己做不到时，也不拿别人做不到来为自己开脱。（《大戴礼记·曾参立事》）

曾参对孝道的领悟，与孔子的细心教导分不开。一次，曾参在瓜田里锄草，不小心弄断了秧苗的根。他的父亲曾皙大怒，抡起一根大木棒打来，曾参昏倒在地，好久才醒过来。回家后，他强颜欢笑到曾皙房间问道："刚才儿子惹父亲生气了，父亲费了大力气来教训我，不知累着了没有？"然后他回到自己房中，强忍疼痛拿出琴来边奏边唱，想让曾皙听到觉着自己没有事儿。孔子知道了很生气，对弟子们说："曾参要是来了，别让他进门。"曾参认为自己没错，便托人来向孔子请教。孔子说："曾参难道不晓得舜是怎么侍奉他父亲瞽叟的？瞽叟使唤舜时，舜总在身边；瞽叟要杀舜时，总是找不到舜。小打就忍受，大打就逃跑。这样一来，瞽叟不必承受残暴的罪名，舜也保持住了他的孝道。可如今曾参侍奉父亲，挺着个身子承受父亲的暴怒，打死也不躲开，不但白死了，更是陷父亲于不义不慈，还有比这更大的不孝吗？你是不是天子的臣民？

你父亲打死你，就是打死天子的臣民，不就犯下死罪了吗？"
曾参听了这些话，知道错了，便到孔子家谢过。这个故事告诉
我们，愚孝是不对的。

曾参不仅以孝道出名，还以培养下一代出名。著名的曾
子杀猪的故事，讲述了曾子用自己的行动教育孩子，要言而有
信、诚实待人。同时这个故事也教育成人，自己的言行对孩子
影响很大。父母待人要真诚，不能欺骗别人，否则会将自己的
子女教育成一个不真诚待人的人。

我们谈《论语》，离不开曾参。不仅《论语》中除了"子
曰""孔子曰"外，最多的就是"曾子曰"，而且许多研究《论
语》的学者都认为，《论语》一书的最后编定，就是曾参的弟子
们完成的。

曾参和他的老师一样，也活过了七十岁，这在当时算是高
寿。即使他告别这个世界，也留下了佳话。《论语》也记载了
曾参的死。这说明，《论语》的成书是孔子去世好几十年之后
的事情了。

曾参"易箦"的故事，通过《礼记·檀弓》记载了下来。
故事的梗概是，当曾参弥留之际，躺在一张席子上，有位伺候
曾参的少年赞叹了一声："这席子多么华美啊！这是大夫才能
铺的席子啊！"曾参马上就要换席子。他儿子曾元说："您的
病很重，不能移动身体。明天早上再换吧！"曾子说："你还
不如他爱我呢！君子用德去爱人，小人爱人则一味迁就。都这
时候了，我还有什么可追求的呢？我能倒在正道上，也就够
了。"于是大家抬起曾参去换席子，结果曾子还没重新躺好就

死了。后来，就有了"曾子易箦"的典故。

这个故事在当今的可贵之处绝不在于森严的等级制度，而在于，即使到死，也不放松对自我的道德要求。这和《论语·里仁》"朝闻道，夕死可矣"的精神是一致的——曾子用自己的行动贯彻了他所说的"死而后已"。

对曾参的死，《论语》里有两章记载。曾参病重的时候，把弟子召集起来说："看看我的脚！看看我的手！《诗经》上说：'小心哪！谨慎哪！好像站在深深的水坑旁，好像走在薄薄的冰层上。'从今以后，我才晓得自己是可以免于祸害刑戮的了！学生们！"（《论语·泰伯》）当孟敬子来探病的时候，曾子说："鸟将要死，它的鸣声充满悲哀；人将要死，他的话语充满善意。君子所看重合乎'道'的有三点——严肃自己的容貌，就可以避免他人无礼慢待；端正自己的脸色，就容易令人信服；说话文雅，就可以避免粗鄙和错误。至于礼仪的细节，有关人员会去管它。"（《论语·泰伯》）

我们中国历来有"文死谏，武死战"的传统，"文死谏"的典故之一，是"史鱼尸谏"的事儿。《韩诗外传》卷七记载，昔者卫国大夫史鱼病重快死的时候，对他儿子说："我好几次称赞蘧伯玉的贤良，国君没有提拔他；好几次指出弥子瑕不像话，国君还是和他打得火热。作为一个臣子，既然活着没做到推举贤良、赶走奸佞之人，死了丧事就不该在正堂操办，把我的遗体放置在卧室就足够了。"卫灵公来吊唁，知道了来龙去脉，很是伤心。他马上提拔了蘧伯玉，斥退了弥子瑕，并吩咐将史鱼的遗体停放到正堂，很郑重地行礼才离开。

孔子称赞史鱼说："刚直啊，史鱼！国家政治清明时，他正直得像一支箭；政治昏乱时，他也正直得像一支箭。"

（《论语·卫灵公》）

曾参临去世，还留下这样的事迹，和史鱼真是交相辉映！

十一 最后的岁月

1. 孔子与《春秋》

孔子回到鲁国，一方面继续培养弟子，以使他的事业不致后继乏人；另一方面他也想好了，要整理文化遗产，留给后人，让他们有所遵循。他整理了哪些书呢？一般认为，是《春秋》和《诗经》。

"春秋"有两个含义：一个是历史书的意思，也就是说，许多国家的历史书，包括鲁国的历史书，都叫《春秋》；一个专指鲁国的历史书——因为后来的历史中，一部分因为孔子的关系，一部分因为给鲁国历史书作"传"的三部书流传下来的关系，鲁国的历史书影响比较大。后来，一提到《春秋》，一般就是指鲁国的历史书了。

孔子教学生，当然要让他们懂得历史。鲁国的这部史书，不但涵盖了鲁国两百多年的历史，而且也记载了其他国家发生的大事，比较简明扼要，给老师留下了讲解的空间。孔子于是选定这部书作为教本，教授学生历史。如果说这书有什么缺点，就是太"简明扼要"了，以至于许多事没讲清楚来龙去脉。

我们知道，教育由贵族的专利下沉到民间，孔子功莫大焉。作为鲁国史书的《春秋》，本来的命运是沉睡于鲁国的深宫，有可能经过秦火，荡然无存，而孔子用它作教本，使它流入民间，传到了今天。也就是说，它主要在孔门弟子和再传弟子中流传，因此就有了孔子编修《春秋》的说法。一种可能是，在后来，孔子弟子和再传弟子又在这部书中加上孔子的出生和逝世方面的内容，久而久之，这部书就传成是孔子编的了。例如，在《孟子·滕文公下》中记载孔子说："了解我的，怕是只有通过《春秋》吧！怪罪我的，也怕只有通过《春秋》吧！"

还有一种可能，就是鲁国史书《春秋》本来就有，孔子为它做了重要的润色。做了哪些重要润色呢？主要的就是"寓褒贬于微言之中"，也就是说，孔子认为错的事情，就用贬义的词；他认为对的事情，就用褒义的词。不过，有些贬义和褒义的词是暗含的，读者不大能读懂，需要经过后人的阐发。孔子为什么这样做呢？《论语》里说得很明白。一次，子路问孔子："卫君等着您去处理国政，您准备先做什么？"孔子说："如果非要分先后，那就先正名吧！"（《论语·子路》）关于这一点，前文已经说过了。孟子也说："孔子写成了《春秋》，叛臣和逆子便有所畏惧。"（《孟子·滕文公下》）

在最后几年的岁月里，孔子删述了"六经"——《诗

删述六经

经》、《书经》（即《尚书》）、《礼经》、《乐经》（后失传）、《易经》（即《周易》）、《春秋》，丰富的民族文化遗产得以系统地保留了下来。

2. 孔子与《诗经》

前面我们已经讲过，孔子曾对他儿子孔鲤说："不学诗，没法说话。"可见孔子对《诗经》的重视程度。

孔子曾说："诗让我精神振奋，礼让我立足社会，音乐健全我的人格。"（《论语·泰伯》）

孔子归纳《诗经》主旨："《诗经》三百篇，用一句话来概括它，就是'想要归于纯正'。"（《论语·为政》）

孔子指出《诗经》用途："可以用诗歌借景物以抒情，可以用诗歌观察民风世俗，可以用诗歌相互切磋，可以用诗歌抨击时政。可以用诗歌侍奉父母，可以用诗歌服侍君上，还可靠它多多记住鸟兽草木的名称。"（《论语·阳货》）

孔子又说："熟读《诗经》三百篇，让他处理政务，却不能顺畅通达；出使外国，又不能独立应对。即便读得多，又如何去做呢？"（《论语·子路》）当时各国交涉，要善于运用"外交辞令"，说话不能直来直去，要委婉地表达自己的想法，这可是需要技巧的。如果用大家都熟悉的诗歌表达自己的意图，岂不妙哉！一方面显得自己饱读诗书、温文尔雅，一方面在表达想法的同时又不唐突。而如何通过诗歌得体地应答，就更需要智慧了。

咱们还是以鲁国为例吧！有年冬天，鲁文公去晋国朝见晋君，同时重温过去的盟约。卫成公在沓地会见文公，请文公帮忙替卫国和晋国讲和。文公回国时，郑穆公在棐地会见文公，也请文公帮忙替郑国和晋国讲和。郑穆公在棐地举行盛大宴会，招待路过的文公。酒酣耳热之际，郑国大夫子家起身朗诵《小雅·鸿雁》的首章。季文子听了，一边击掌叫好，一边说："我国国君正如同诗里说的那样啊。"他接着起身朗诵了《小雅·四月》的首章。紧接着，子家朗诵了《鄘风·载驰》第四章。文子朗诵了《小雅·采薇》第四章。郑穆公听了，倒头便拜，鲁文公也连忙回拜。

如果不熟悉《诗经》，他们的言行就像在打哑谜，读者看得一头雾水。郑国大夫子家朗诵的《鸿雁》首章说的什么呢？原诗如下："鸿雁于飞，肃肃其羽。之子于征，劬劳于野。爰及矜人，哀此鳏寡。"程俊英教授是这样翻译的："大雁远飞翔，翅膀沙沙响。使臣走远路，辛劳奔波忙。救济贫苦人，鳏寡可怜相。"关键是后两句的意思："我们国小贫弱，真可怜！您就行行好帮帮忙吧！"季文子回答得巧妙，表面上似乎说："您把我们鲁国国君的困境描绘得很形象啊！"接着朗诵的《四月》首章，原文是："四月维夏，六月徂暑。先祖匪人，胡宁忍予？"程教授翻译为："四月出差是夏天，六月盛暑将过完。祖先不是别家人，为啥任我受苦难？"季文子的意思不难猜测：这大夏天的，我们想要赶回自己国家休息。让我

们折返晋国，这谁受得了呀！子家接着朗诵的《载驰》第四章
是这样的："我行其野，芃芃其麦。控于大邦，谁因谁极？"
程教授翻译为："走在祖国田野上，蓬蓬勃勃麦如浪。赶快
讣告求大国，依靠大国来救亡。"这意思不但很明显，而且还
包含一段凄婉的故事。这可是许穆夫人在祖国被灭后到处奔走
求各国帮助她恢复祖国的故事，最后给了她最大帮助的，是春
秋五霸之首的齐桓公。汉代刘向的《列女传·仁智》记载得很
清楚。子家这是给鲁文公戴一顶高帽子：您就做做当今的桓公
吧！季文子难以拒绝，何况这也是巩固鲁国邦交的一个机会不
是吗？于是他起身朗诵《采薇》第四章："彼尔维何？维常之
华。彼路斯何？君子之车。戎车既驾，四牡业业。岂敢定居？
一月三捷！"——"什么花儿开得盛？棠棣花开密层层。什么
车儿高又大？高大战车将军乘。驾起兵车要出战，四匹壮马齐
奔腾。边地怎敢图安居？一月要争几回胜！"这还说什么呀！
郑穆公倒头便拜！

　　子贡就是善于用诗歌表达自己想法的人。一次，子贡问孔
子道："贫穷却不谄媚，有钱却不骄泰，怎么样？"孔子说：
"可以了。但不如贫穷却又快乐，有钱却谦虚好礼呢。"子贡
接着说："《诗经》上说'好比象骨细切磋，又像玉石细琢
磨'，就是您说的这个意思吧？"孔子说："赐啊，现在可以
和你讨论《诗经》了，告诉你已知的，你能推知未知的了。"
子贡谦虚地回答道："我可比不上颜回！颜回听到一件事，可
以推知十件事。我呢，听到一件事，只能推知两件事。"孔子
却说："在举一反三这件事上，我和你都不如他呀！"（《论

语·学而》《论语·公冶长》）

前文我们说过，子夏曾通过诗歌向孔子提问："巧笑倩兮，美目盼兮，素以为绚兮。"（《论语·八佾》）

这三句诗，第一句、第二句见于如今的《诗经·卫风·硕人》。第三句却没有，这就与孔子刊定《诗经》有关了。

在各国漂泊的日子，有位学生想起了家乡的原野和亲人，唱道："唐棣树的花儿，随风上下翻飞。难道我不想念你？只因家远在天涯。"孔子说："他不是真的想念哪，真的想念，哪有什么远的呢？"（《论语·子罕》）

孔子的意思是，家乡，难道仅仅是山川河流吗？哪儿的山川河流不是差不多的呢！家乡是人，是文化！当年在匡地被围困时，孔子曾说："周文王死了以后，一切文化遗产不都在我这里了吗？天若是要灭绝这种文化，那我也不会掌握这些文化了；天若是不灭绝这一文化，那匡人能奈我何？"（《论语·子罕》）这学生的周遭，不多是鲁国人吗？孔子不是齐鲁文化集大成的代表者吗？德国作家托马斯·曼为躲避纳粹的迫害，流亡到了国外。他曾说："我在哪里，哪里就是德国。"孔子的意思难道不是这样的吗？前面咱们提到过，孔子想搬到九夷去住，有人说那地方偏远闭塞，不开化，怎么好去住呢？（《论语·子罕》）孔子却说，有君子住在那儿，就不偏远闭塞了。不是和托马斯·曼说的意思一样吗？

孔子学生引的"家远在天涯"的这几句诗，也不见于现今流行的《诗经》，这大约也与孔子刊定《诗经》有关。

孔子说："我从卫国回到鲁国，《诗经》的篇章才得以

回到正轨，《小雅》《大雅》《颂》各自得以归于适当的位置。"（《论语·子罕》）

《史记·孔子世家》说当时流行的诗共有三千多篇，经孔子删削，流传至今的就是今天我们读到的《诗经》。许多学者都不相信这种说法，但大家都相信孔子确实整理过《诗经》。我们现今读到的《诗经》，有标题有内容的共三百零五篇。我们看《左传》，其中所引用的诗歌，多见于今天我们读到的《诗经》。《国语》也有多处引诗的地方，如《匏有苦叶》，见于今本《诗经·邶风》；又如《采薇》，见于今本《诗经·小雅》。不见于《诗经》的——就像《论语·子罕》所引的《唐棣之华》那样的——并不是多数。换言之，当时流行的诗歌的精华，绝大多数都因为孔子的整理，而被保留下来了。仅此一项，孔子对中华文化的贡献，就是无比巨大的。

3. 颜渊的永远离去

孔子删订《诗经》，约在七十岁左右。在那个年代，这已经是高龄老人了。那时节人们的寿命普遍不高，四五十岁死去是普遍现象。那么，白发人送黑发人，对于七十岁高龄的孔子来说，按说也算是司空见惯了。即便如此，对于亲近的人、深爱的人的死去，满含仁爱之心的高龄老人孔子，无疑会是十分伤心的。

233

　　孔子七十岁那年，独子孔鲤死了，死时五十岁，这对孔子的打击可想而知。好在孔鲤叫孔伋字子思的儿子，十分聪慧仁爱，这对孔子是个极大的安慰。目前全国各地孔庙，甚至越南河内、韩国首尔的孔庙，子思都是站在孔子边上的四个人之一（其他三人是颜渊、曾参、孟子）。

　　两年后，也就是鲁哀公十四年（公元前481年），孔子已经七十二岁了。鲁哀公在曲阜西郊打猎，为叔孙氏驾车的子鉏打到一只有角的动物。叔孙氏认为不吉利，就把它赏给了管理山林的小官。孔子仔细辨认了这只动物，认出是麒麟，就从山林官那儿收下了它。麒麟，可是中国古代神话中的祥瑞之兽、仁爱之兽，是圣人的象征。孔子弟子有若就说过："麒麟相比于一般的走兽，凤凰相比于一般的飞鸟，泰山相比于小土堆，河海相比于小溪流，又何尝不是同类？圣人相比于百姓，也是同类。虽然他来自民间，却远远超出大众——自有人类以来，还没有比孔子更伟大的。"（《孟子·公孙丑上》）有若显然是拿麒麟、凤凰、泰山、河海来比喻孔子。古人认为，麒麟的出现，预示着天下太平。现在它被打死了，显然不是好兆头，孔子哭了。据《春秋公羊传》记载，孔子用袖子抹泪，袖子湿了一大片。他哀叹自己一生努力追求的大道实现起来可能会道阻且长，说："我的事业怕是完不成啦！"他心中忐忑，觉得会有大事发生。

　　不久，颜渊去世了。孔子听到这个噩耗，立刻痛哭失声，叫道："啊！老天要我死啊！老天要我死啊！"（《论语·先进》）

颜渊比孔子小三十一岁，他去世的时候，孔子七十二岁，这样说来，颜渊活了四十一岁。

颜渊据说和孔子有点亲戚关系，他家也在曲阜，而孔子的母亲就是曲阜颜家人。不过，即便如此，他们也不算近亲。颜渊的父亲颜路，又名无繇，也是孔子的弟子，只比孔子小六岁。他是孔子弟子中年龄最接近孔子的人，比子路还大三岁。

颜路跟着孔子学习的时候，颜家早已失去贵族身份，已经很贫穷了。据《庄子·杂篇·让王》记载，颜渊不愿出来做官，是因为"我在城郭外头有五十亩田，靠它喝点稠粥、稀粥还是够的；城郭里面有十来亩田，靠它穿衣盖被还是够的"。在当时地广人稀的时代，家里有六十来亩地已经是很穷的了。但颜渊坚守着一辈子没有出去做官，他知道，一旦出去做官，他向孔子求教的机会就少了。孔子因此称赞他："颜回多了不起呀！一竹筐饭，一瓜瓢水，住在偏僻的巷子里，别人都不堪忍受那忧愁，颜回却不改他的快乐。颜回多了不起呀！"（《论语·雍也》）

一次，鲁哀公询问孔子他的学生中谁好学。孔子答道："有一个叫颜回的人好学，不拿别人出气，也不犯同样的过失。可是偏偏天妒英才，让他短命死了，现在再没有这样的人了，再也没听说过好学的人了。"（《论语·雍也》）

确实，颜渊的好学在孔门中是独一无二的，他有一种打破砂锅问到底的精神。有次，颜渊向孔子请教什么是"仁"。孔子回答道："克制自己，使言语行动都达到'礼'的境界，就是仁。一旦克制自己，使言语行动达到了'礼'的境界，天下的人都会归向仁德。实践仁德，全靠自己，还靠别人吗？"颜渊并不满足于这些，接着说："您可以说得再具体一些吗？"孔子说："不符合礼的，不看；不符合礼的，不听；不符合礼的，不说；不符合礼的，不做。"颜渊这才满意地说："我虽然不聪慧，也要践行您这话。"（《论语·颜渊》）

颜渊曾深有感触地回顾跟孔子学习的体会："老师的道德文章，越仰视，越觉得巍峨高大；越钻研，越觉得坚不可摧。乍一看高深莫测——看着好像在前面，忽然又到后面去了。但老师善于循序渐进引导学生，用文献来充实我，用礼节来约束我，让我乐在其中，想停都停不下来。我已经用尽我的才华，假如老师又卓然有所建树，即使我想再跟上去，也不知从何处走了。"（《论语·子罕》）

曾子说："能者请教于无能者，博学者请教于孤陋者；有学问像没学问那样如饥似渴，满腹经纶像一无所知那样虚心求教；遭受冒犯，也不计较。从前我的一位至交好友就是这样的。"（《论语·泰伯》）哪位至交好友呢？从汉朝马融以来，好多注释《论语》的人都认为说的是颜渊，因为只有颜渊才符合条件。

不是吗？颜渊乍一看起来，不怎么说话，显得有些愚钝。孔子与他接触久了，知道他是聪慧的。孔子曾说："我整天和颜回谈学问，他从来没有异议，像个傻瓜。等他回家独自研究，却能大加发挥。颜回呀，可不傻！"（《论语·为政》）他只是内敛，正如他自己所说："我希望不夸耀自己，不劳烦别人。"（《论语·公冶长》）连一向自负的子贡也说："我

怎敢和颜回相比？颜回呀，听到一件事，可以推知十件事。我呢，听到一件事，只能推知两件事。"（《论语·公冶长》）

前边咱们说过，孔门弟子中归在"德行"一类的有颜渊、闵子骞、冉伯牛、仲弓，颜渊居首。这是实至名归的。颜渊总是自觉地始终不渝地贯彻孔子的教导，在进德修业的路上永无止境地前行。孔子曾赞美颜渊总是怀揣着仁德。（《论语·雍也》）颜渊正是凭着他的埋头苦干、不断思索，而臻于仁德的最高境界。正如孔子所说："我只见到你一往无前，从没见到你逡巡不前。"（《论语·子罕》）

颜渊的事迹很多，前边咱们说起过孔子困于陈、蔡，连饭都吃不上时，曾与子路、子贡、颜渊对话，只有颜渊的回答深得孔子之心。《孔子家语·在厄》的一个记载更是生动地描绘了孔子对颜渊的信任。

孔子和弟子们被围困在陈国、蔡国之间的时候，大家连着七天没怎么吃东西了。子贡拿着带来的一些东西，突围而出，和种地的农夫交换，得了六十斤粮食。颜渊与子路在一间破屋子里做饭。有块烟灰掉到饭中，颜渊把弄脏的饭舀出来吃了。恰好子贡在井边望见颜渊舀饭吃，很不高兴，以为颜渊在偷吃。

他进屋问孔子："仁人廉士在穷困时也会改变节操吗？"孔子说："改变节操又如何称得上是仁人廉士呢！"子贡问："像颜渊这样的人，该不会改变节操吧？"孔子说："当然。"子贡把颜渊"偷吃"的事儿告诉了孔子。孔子说："我一直相信颜渊是仁德之人，虽然你这样说，我依然不因此怀疑他。他那样做或许有缘故吧。你且待在这里，我问问他。"
孔子把颜渊叫进来说："前几天我梦见了祖先，就得到了粮
食，这难道是祖先在保佑我们吗？你快做好饭端上来，我要进
献给祖先。"颜渊答道："刚才有烟灰掉入饭中，如果让它留
在饭中就不洁，不能进献给祖先；假如扔掉，又很可惜，我就
把它吃了，祭不成祖了。"孔子说："这样的情形，我也会吃
掉。"颜渊出去后，孔子对弟子们说："我信任颜渊，可不是
非得等到今天啊！"弟子们因此更加佩服颜渊。

风烛残年的孔子，眼见颜渊撒手人寰，怎么能不伤心
呢?！孔子曾说，颜渊看待他，就像看待父亲一样。（《论
语·先进》）孔子痛哭失声，完全忘记了丧礼"悲哀而不至于
刺骨锥心"（《论语·八佾》）的告诫。孔子身边的人劝道：
"您伤心过度了！"孔子说："真伤心过度了吗？我不为这样
的人痛不欲生，又为谁痛不欲生呢！"（《论语·先进》）

颜渊死了，孔子还没缓过劲儿来，第二年，子路又死了。

4. 子路"不得其死"

尽管子路挨孔子的骂最多，可是当过学生的一般都知道，
挨骂次数最多的学生，常常是老师最喜爱的学生。何况子路是
个直肠子，孔子也就不对他藏着掖着，和他直来直去，该骂便
骂。有些学生因此就不大尊敬子路，孔子看到了便说："仲由

嘛，学问已经不错了，只是还不算最优秀。"（《论语·先进》）但子路直率甚至执拗的性格，又总是让孔子担心。一次，孔子和学生谈话，闵子骞站在孔子身边，显得恭敬又正直，子路显得很刚强，冉求、子贡显得温和又快乐。孔子望着众弟子，很高兴，但过了一会又说："像仲由这样的，将来怕是不得好死。"（《论语·先进》）

前面提到，孔子一行还在卫国的时候，冉求就回到鲁国，当了季孙氏家的总管。孔子一行回国之后，子路也出来做事了。当时鲁国的当权者是季孙氏，子路自然免不了要和季孙氏打交道。之前说到的冉求、子路找孔子汇报季孙氏将攻打颛臾这件事，就可以证明。但是后来，子路又回到卫国，到孔悝——蒯聩姐姐的儿子——那儿做事去了，并且死在了那儿。这是鲁哀公十五年（公元前480年），即卫出公十三年的事情。可是据《左传》记载，头一年，也就是哀公十四年（公元前481年），他还在鲁国做事呢。

孔子曾说："根据单方面的供述就可以断案的，大概只有仲由吧！"（《论语·颜渊》）这是说，子路真诚坦荡，别人不忍心欺骗他。《左传·哀公十四年》的一件事恰恰可以证明这一点。

哀公十四年（公元前481年）上半年，小邾国一个名叫射的人逃亡到鲁国，想把一块叫作句绎的地方献给鲁国做见面礼。射说："鲁国只需派子路和我做个口头约定，可以不用盟誓。"季康子于是派子路去，子路推辞。季康子让冉求给子路传话说："人家不相信拥有一千辆战车的国家（指鲁国）的盟誓，而只相信您的话，您还感到屈辱吗？"子路回答说："如果鲁国和小邾国发生战事，我不敢询问是非曲直，只能战死在城下。但射这人不尽臣道，如果我让他的话得以兑现，就是把他的不尽臣道当成正义了。我可不能那么干！"子路刚到孔子门下那会儿是个什么样儿，大家大概记忆犹新吧！现在子路的品行都是孔子教育的结果。

孔子的担心不幸成了现实，事情是这样的：

卫国的孔圉，就是那位孔子赞美"敏而好学，不耻下问"的孔文子，娶了太子蒯聩的姐姐，卫灵公的女儿，生了孔悝。孔家有个小跟班叫浑良夫，高大帅气，孔圉死后，他就与孔夫人好上了。这时，废太子蒯聩居住在一处叫"戚"的地方，孔夫人派浑良夫去看望他，蒯聩对浑良夫说："假如你设法让我回国即位，我给你大夫的冠服、车子，还赦免你三次死罪。"浑良夫是真够"浑"的，却实在算不了"良夫"！他竟然和蒯聩盟誓，同意向孔夫人吹枕边风。

这年闰十二月，浑良夫和蒯聩偷偷回到卫国国都，住在孔家外面菜园子的窝棚里。天黑以后，一位叫"罗"的侍从为他们驾车，两个人用头巾盖住脸，到了孔家。孔悝的管家栾宁问浑良夫车子里都有谁，浑良夫撒谎说是亲戚家的丫鬟，他们就这样混进了门。之后，孔夫人手拿着戈走在前面，蒯聩和五个彪形大汉身披皮甲，用车载上一头用来盟誓的公猪跟在后面，一起去找孔悝。他们把孔悝逼到墙边，想要劫持他去登台盟誓，让他拥立蒯聩做国君。这时，栾宁正在烤肉，准备喝酒。他一听到动静，马上派人去告诉子路，同时呼唤一人驾上车，载着卫出公辄逃亡到鲁国去了。

子路得知消息后就往国都赶，正要入城的时候，碰到同学高柴，高柴说："城门已经关上了。"子路说："我还是去看看。"子羔说："来不及了，你一去必将大难临头！"子路说："拿了他的俸禄，有祸患不应躲避。"高柴叮嘱一番走了，子路闯了进去。到达孔氏大门口，公孙敢在那里守门，说："不要进去，太危险了。"子路说："他可是灵公的外孙！在他这里拿俸禄却躲避祸患，这种事我可做不出来！受了他的俸禄，就一定要救他！"这时恰好有使者从里面出来，子路就乘机进去，大声说："太子哪里用得着孔悝做帮手？即使杀了他，也一定有人接替他。"他接着说："太子没有勇气，假如放火烧台，烧到一半，他必然会释放孔悝。"太子听到了，很害怕，立刻命令石乞、盂黡两位甲士下台和子路搏斗。可怜子路都六十三四岁了，自然对付不了两位年轻的彪形大汉，他们用戈击中子路，把他的帽带也斩断了。子路说："君子就算死，帽子也不能掉。"于是子路系好帽带，从容就死。孔子听到卫国发生动乱，说"柴大概能回来，由怕是会死的"。

不久噩耗就由专人送来了，孔子立刻就在院子里哭起来。这时有来吊唁的，孔子立刻还了礼。孔子哭完了，才向送信人还礼，并问起子路是怎么死的。送信的人详细讲述了过程，最后讲到蒯聩一帮人为了泄愤，把子路剁成了肉酱时，孔子叫人赶快把屋子里的酱缸盖起来，怕看了心里难受。但是，翻江倒海的心潮又岂是一个盖子盖得住的?！

5. 高柴躲过一劫

不久，高柴回来了，但也是九死一生。他对孔子说，得亏老师教导得好，他才捡回了一条命。当年，孔子做大司寇的时候，曾经教导弟子说："由于在上位的人胡作非为，百姓早就流离失所、铤而走险了。同学们如果破案成功，应该持同情的态度，千万别因为破了案而得意！"（《论语·子张》）这些教诲，高柴可是牢牢地记着。

高柴在卫国做法官时，曾经判处过一名罪犯砍脚的刑罚——刖刑。那时节受刖刑者都是地位低下的人，受过刖刑之后，常常被安排做守门的工作。蒯聩发动叛乱时，高柴逃离卫国都城帝丘，经过一座城门的时候，恰好就是那位被执行过刖刑的人在那儿守门。那人对高柴说："那边城墙有道缺口。"高柴回答："君子不翻墙。"那人又说："那边城墙下有个洞可以过人。"高柴回答："君子不穿洞。"那人再次说："这边有间房子可以躲一躲。"高柴便躲进了房子里。

后来搜捕的人累了回家了，高柴才出来。他对守门者说："我不能不执行国家法律，亲自监督执行了您的刖刑，使您永远失去了脚。现如今我处在危难之中，正是您报仇雪恨的好时机呀，您却一而再再而三地给我指出生路，这是为什么呢？"那人回答道："被执行刖刑是因为我犯了重罪，这是无可避免的。当时您根据法令来审理我的案子，先审理他人的，把我放在最后。我看得出，您是在找机会让我免除断足的苦痛。最后判了我的罪，临到执行时，根据您当时的表情，我看得出您是很痛苦的。您难道对我偏心吗？不是的！那些天生的君子，临到别人受难时，会自然而然流露出您曾经流露出的表情。这是我敬佩您的原因哪！"

高柴把这些事情原原本本地对孔子说了，孔子紧皱了好几天的眉头终于有了一丝松动，说道："你这是做了好官哪！一样是运用法律，心存仁义宽厚就会令人感恩戴德，心里不存仁义宽厚而去实行严刑峻法，就会引人仇恨。能够凭良心做事，高柴就是这样的人哪！"

6. 哲人其萎

在这样的凄风苦雨中，时间来到了哀公十六年（公元前479年）春天，孔子的身体越来越衰弱了。他叹道："凤凰不来了，黄河也不出图画了，我怕是快不行了！"（《论语·子罕》）凤凰、河图是古代的祥瑞。据《左传·昭公十七年》记载，少暤即位的时候，凤凰就飞来了，可如今凤凰、河图已经很久没有出现了……一天早晨，孔子强撑着病体，来到门口。七十多年的岁月，使他对自己的身体能撑到何时有了强烈的预感。他不由得唱道："泰山，你要崩塌了吗？横梁，你要垮塌了吗？以实现仁德为己任的人啊，你要永远地离开了吗？"
（《礼记·檀弓上》）恰好这时候子贡来看望孔子，在院外便
听到孔子的长吟，觉得大事不妙，心想："泰山倒了，我们仰
望什么？梁柱折断了，哲人枯萎了，我们依赖什么？老师怕是
不行了！"他连忙跑进了院子。孔子说："赐啊，你为什么这
么晚才来呢？"他接着说："夏朝人的棺材是停在东阶上的，
那可是主人的位置；殷商人的棺材是停在两个柱子中间的，那
是夹在宾主之间的位置；周朝人的棺材是停在西阶上的，那是
把亡者当作宾客啊。我原本是个殷商人哪。我昨夜梦见自己被
安放在两柱之间，我大概是要死了。"接下来的几天里，孔子
越来越虚弱，到和子贡说了那番话的第七天，孔子去世了。

这是鲁哀公十六年（公元前479年）四月十一日。

鲁哀公知道后很悲痛："老天不仁啊！连个老年人也不给
我留下，让我一人孤苦伶仃而心怀歉疚。啊！啊！悲痛啊，仲
尼老爹！今后我向谁请教呢！"

子贡听了却说："活着不能任用，死了又致悼词，这不合于礼
仪；自称'一人'，又不合于名分。国君把礼与名两样都丢了。"

孔子死后，子贡负责总管孔子的治丧事宜，公西华具体
操办。学生们不知道要穿哪种丧服，都去请教子贡。子贡统
一答复说："前两年颜渊死了，夫子痛不欲生，但没有穿父
亲为儿子去世才穿的丧服；去年子路去世时他也是这样。现
在大家悲哀得就像死了父亲，这就够了，但不必穿戴儿子为
父亲去世才穿的丧服。"

子贡的回答是得体的。当年林放问礼的本质，孔子答道：

"重大呀，这问题！就一般礼仪说，与其铺张浪费，宁可朴素节俭；就丧礼说，与其强忍悲痛而和颜悦色，宁可大放悲声。"（《论语·八佾》）对丧礼最有研究的子游也认为："居丧，要达到悲哀的程度才够。"（《论语·子张》）

孔子虚岁活了七十四岁，按实岁算，是七十二岁半，人们一般说七十三岁。孔子葬在今山东曲阜东北泗水边上的孔林。弟子们就像死了父亲一样，在坟边上搭棚子，一住三个年头。分别的时候，大家抱头痛哭。有的弟子去往他乡，有的弟子就留在此地。子贡不忍离去，又独自守了三个年头。无论凄风苦雨，还是月上东山，老师的音容笑貌，总会一幕幕出现在他的眼前……

渐渐地，移居到孔子墓边住下的孔子弟子和鲁国人有一百多家，这里便被叫作"孔里"。鲁国也每年定时在孔子墓边举行祭祀纪念孔子，而且代代相传。儒生们也在孔子墓前演习礼仪，举办乡饮酒礼，举行"大射礼"。这里逐渐成了一处圣地。

在艰难困苦的日子里，孔子曾说："朝闻道，夕死可矣。"（《论语·里仁》）"夫仁者，己欲立而立人，己欲达而达人。"（《论语·雍也》）"饭疏食，饮水，曲肱而枕之，乐亦在其中矣。不义而富且贵，于我如浮云。"（《论语·述而》）"三人行，必有我师焉。择其善者而从之，其不善者而改之。"（同上）"君子坦荡荡，小人长戚戚。"（同上）"三军可夺帅也，匹夫不可夺志也。"（《论语·子罕》）"岁寒，然后知松柏之后凋也！"（同上）

记载孔子事迹的著作，除了《论语》，还有《孟子》《庄

梦奠两楹

子》《荀子》《左传》《公羊传》《穀梁传》《礼记》《史记》等书。

7. 历史的回声

孔子死后，儒分为八。其实，在孔子在世的时候，或许是孔子刚刚去世的时候，他的弟子里头就出现了一些不同的意见。不过，这都不是什么原则问题上的不同，而是对一些具体事情的看法不同而已。这些在《论语》中也有所反映。前面提到，子游对学生说："子夏的学生，叫他们做做打扫、与客人对答、迎来送往的工作，那是可以的；不过那都只是细枝末节，学术的根基是没有的，怎么办呢？"子夏听了这话，便解释说："唉！子游错了！君子的学术，哪一项先传授，哪一项后传授，以使学习者不厌倦呢？拿草木来打比方，是要分门别类而后由浅入深的。君子的学术，怎么可以歪曲？传授学问能够善始善终的，大概只有圣人吧！"但是子游坚持自己的看法，他说："我的朋友子张可以说是难能可贵的了，然而还没有达到'仁'的境界。"曾参也曾评价子张说："子张真够得上威仪堂堂了，别人难以跟他一同进入仁德呀！"（《论语·子张》）

随着时代洪流的奔腾，许多往事都被卷走了。我们现在只知道，孔子之后的儒家，最重要的派别，乃是孟子一派和荀子一派。孟子和荀子都留下了著作，分别是《孟子》和《荀子》。荀子有两位重要的学生，李斯和韩非。李斯是秦始皇的丞相，韩非更是战国时期法家学说的集大成者。其实荀子的儒家学说里已经有一些法家学说的因素，所以在后来相当长的一段时期内，研究儒家学说的人把注意力更集中于《孟子》一书。

孟子的老师并不是孔子的弟子。《史记·孟轲荀卿列传》说孟子"受教于子思之门人"。子思，就是孔伋，是孔子的孙子。可是"子思之门人"是谁，并没有留下进一步的线索。孟子自己倒是说："我没有能够成为孔子的学生，我是私下向别人学习的。"（《孟子·离娄下》）

这样看来，孟子似乎除了思想上和孔子一脉相承之外，就和孔子没什么关系了。其实不是这样的。我们知道，孔子有位学生叫孟懿子，孟子就是他的后人。孟懿子是南宫敬叔的哥哥，南宫敬叔陪着孔子一起去了洛阳……在孔子"堕三都"时，使得孔子最后功亏一篑的，就是这位孟懿子。不单单这样，孟懿子的儿子和孙子，也都在《论语》里出现过："孟武伯向孔子请教孝道，孔子说：'父母有病，孝子总是担忧。'"（《论语·为政》）孟武伯，是孟懿子的长子孟孙彘，死后被谥为"武伯"。《论语·公冶长》还记录着孔子和孟武伯的一段对话："孟武伯问子路是否仁。孔子说：'不知道。'他又问。孔子说：'仲由呢，如果是个有一千辆兵车的国家，可以叫他负责兵役和军政工作。至于他是否仁，我不知道。''冉求如何？'孔子说：'求呢，千户人口的城邑，百辆兵车的采邑，可以叫他当县长或总管。至于他是否仁，我不知道。'‘公西赤如何？’孔子说：‘赤呢，穿着礼服，站在朝廷之上，可以叫他跟宾客会谈交涉。至于他是否仁，我不知道。'”

孟武伯的儿子是孟敬子。《论语·泰伯》记载："曾参病重，孟敬子来探问他。曾子说：‘鸟将要死，它的叫声充满悲哀；人将要死，他的话语充满善意。'君子所看重的合乎‘道’的有三点——严肃自己的容貌，就可以避免他人无礼慢待；端正自己的脸色，就容易令人信服；说话文雅，就可以避免粗鄙和错误。至于礼仪的细节，有关人员会去管它。'”

孟子，也即孟轲，据说是孟敬子孙子的孙子。

当然，孟懿子的父亲孟僖子是孟献子的后人。孟献子，是鲁襄公时期著名的政治家、外交家，《礼记·大学》中记载着他的哲言。这样说来，孟子最后能成为"亚圣"，可算是渊源有自了。但也不尽然，孟献子是公子庆父的后人，而庆父是把鲁国搅成一锅粥的罪人。早在他还没有劣迹昭彰时就有人说："不除掉庆父，鲁国的祸乱就会没完没了！"有庆父这样的祖先而有贤人孟献子这样的后代，说明"血统"并不是一成不变的。这点很重要，否则孔子、孟子的教育宗旨也就在很大程度上失去意义了。

孔子虽然离我们而去了，但他的思想如同一盏明灯，照亮了历史长河，深深地影响了中国几千年的社会，奠定了中国文化的根基。时至今日，孔子的智慧依然在塑造着我们的现代社会，影响着我们的价值观念、教育理念和行为方式，让我们通过《论语》，通过《论语》中孔子的言行、思想，一起探索漫漫人生路上的种种问题及儒家的解决之道。

治任别归

参考文献

［1］〔美〕安乐哲，〔美〕罗思文，2022.哲读论语：安乐哲与罗思文论语译注［M］.彭萍译.北京：中译出版社.

［2］〔美〕顾立雅，2014.孔子与中国之道（修订版）［M］.高专诚译.郑州：大象出版社.

［3］《文史知识》编辑部，1984.经书浅谈［M］.北京：中华书局.

［4］鲍鹏山，2013.孔子传［M］.北京：中国青年出版社.

［5］陈来，2011.孔夫子与现代世界［M］.北京：北京大学出版社.

［6］陈来，2017.古代思想文化的世界：春秋时代的宗教、伦理与社会思想［M］.北京：北京大学出版社.

［7］陈来，2017.古代宗教与伦理：儒家思想的根源（增订本）［M］.北京：北京大学出版社.

［8］高光，2012.孔子［M］.合肥：黄山书社.

［9］金景芳，吕绍纲，吕文郁，2006.孔子新传［M］.长春：长春出版社.

［10］匡亚明，1990.孔子评传［M］.南京：南京大学出

版社.

[11] 李廷勇, 2000. 孔门七十二贤 [M]. 西安: 三秦出版社.

[12] 李泽厚, 2017. 中国古代思想史论 [M]. 北京: 生活·读书·新知三联书店.

[13] 梁治平, 2020. 为政: 古代中国的致治理念 [M]. 北京: 生活·读书·新知三联书店.

[14] 钱穆, 2014. 孔子传 [M]. 北京: 生活·读书·新知三联书店.

[15] 沈玉成, 1981. 左传译文 [M]. 北京: 中华书局.

[16] 谭其骧, 1982. 中国历史地图集 [M]. 北京: 中国地图出版社.

[17] 王恩来, 2016. 走近孔子 [M]. 北京: 现代出版社.

[18] 王长华, 2010. 孔子答客问 [M]. 北京: 中华书局.

[19] 杨伯峻, 2016. 春秋左传注 (修订本) [M]. 北京: 中华书局.

[20] 张涛, 2017. 孔子家语译注 [M]. 北京: 人民出版社.